中华文化风采录

传统建筑艺术

悠韵的古镇

倪青义 编著

北方妇女儿童出版社

·长春·

图书在版编目（CIP）数据

悠韵的古镇 / 倪青义编著. 一长春 ： 北方妇女
儿童出版社，2017.1（2022.8重印）
　（传统建筑艺术）
　ISBN 978-7-5585-0658-1

　Ⅰ. ①悠… Ⅱ. ①倪… Ⅲ. ①乡镇－古建筑－介绍－
中国 Ⅳ. ①K928.71

　中国版本图书馆CIP数据核字(2016)第311392号

悠韵的古镇

YOUYUN DE GUZHEN

出 版 人	师晓晖
责任编辑	吴　桐
开　　本	700mm×1000mm　1/16
印　　张	6
字　　数	85千字
版　　次	2017年1月第1版
印　　次	2022年8月第3次印刷
印　　刷	永清县晔盛亚胶印有限公司
出　　版	北方妇女儿童出版社
发　　行	北方妇女儿童出版社
地　　址	长春市福祉大路5788号
电　　话	总编办：0431-81629600

定　　价　　36.00元

习近平总书记说："提高国家文化软实力，要努力展示中华文化独特魅力。在5000多年文明发展进程中，中华民族创造了博大精深的灿烂文化，要使中华民族最基本的文化基因与当代文化相适应、与现代社会相协调，以人们喜闻乐见、具有广泛参与性的方式推广开来，把跨越时空、超越国度、富有永恒魅力、具有当代价值的文化精神弘扬起来，把继承传统优秀文化又弘扬时代精神、立足本国又面向世界的当代中国文化创新成果传播出去。"

为此，党和政府十分重视优秀的先进的文化建设，特别是随着经济的腾飞，提出了中华文化伟大复兴的号召。当然，要实现中华文化伟大复兴，首先要站在传统文化前沿，薪火相传，一脉相承，弘扬和发展5000多年来优秀的、光明的、先进的、科学的、文明的和自豪的文化，融合古今中外一切文化精华，构建具有中国特色的现代民族文化，向世界和未来展示中华民族具有独特魅力的文化风采。

中华文化就是中华民族及其祖先所创造的、为中华民族世世代代所继承发展的、具有鲜明民族特色而内涵博大精深的优良传统文化，历史十分悠久，流传非常广泛，在世界上拥有巨大的影响力，是世界上唯一绵延不绝而从没中断的古老文化，并始终充满了生机与活力。

浩浩历史长河，熊熊文明薪火，中华文化源远流长，滚滚黄河、滔滔长江是最直接的源头，这两大文化浪涛经过千百年冲刷洗礼和不断交流、融合以及沉淀，最终形成了求同存异、兼收并蓄的辉煌灿烂的中华文明。

中华文化曾是东方文化的摇篮，也是推动整个世界始终发展的动力。早在500年前，中华文化催生了欧洲文艺复兴运动和地理大发现。在200年前，中华文化推动了欧洲启蒙运动和现代思想。中国四大发明先后传到西方，对于促进西方工业社会形成和发展曾起到了重要作用。中国文化最具博大性和包容性，所以世界各国都已经掀起中国文化热。

中华文化的力量，已经深深熔铸到我们的生命力、创造力和凝聚力中，是我们民族的基因。中华民族的精神，也已深深根植于绵延数千年的优秀文化传统之中，是我们的精神家园。但是，当我们为中华文化而自豪时，也要正视其在近代衰微的历史。相对于5000年的灿烂文化来说，这仅仅是短暂的低潮，是喷薄前的力量积聚。

中国文化博大精深，是中华各族人民5000多年来创造、传承下来的物质文明和精神文明的总和，其内容包罗万象，浩若星汉，具有很强的文化纵深感，蕴含丰富的宝藏。传承和弘扬优秀民族文化传统，保护民族文化遗产，已经受到社会各界重视。这不但对中华民族复兴大业具有深远意义，而且对人类文化多样性保护也有重要贡献。

特别是我国经过伟大的改革开放，已经开始崛起与复兴。但文化是立国之根，大国崛起最终体现在文化的繁荣发展上。特别是当今我国走大国和平崛起之路的过程，必然也是我国文化实现伟大复兴的过程。随着中国文化的软实力增强，能够有力加快我们融入世界的步伐，推动我们为人类进步做出更大贡献。

为此，在有关部门和专家指导下，我们搜集、整理了大量古今资料和最新研究成果，特别编撰了本套图书。主要包括传统建筑艺术、千秋圣殿奇观、历来古景风采、古老历史遗产、昔日瑰宝工艺、绝美自然风景、丰富民俗文化、美好生活品质、国粹书画魅力、浩瀚经典宝库等，充分显示了中华民族厚重的文化底蕴和强大的民族凝聚力，具有极强的系统性、广博性和规模性。

本套图书全景展现，包罗万象；故事讲述，语言通俗；图文并茂，形象直观；古风古雅，格调温馨，具有很强的可读性、欣赏性和知识性，能够让广大读者全面触摸和感受中国文化的内涵与魅力，增强民族自尊心和文化自豪感，并能很好地继承和弘扬中国文化，创造未来中国特色的先进民族文化，引领中华民族走向伟大复兴，在未来世界的舞台上，在中华复兴的绚丽之梦里，展现出龙飞凤舞的独特魅力。

小桂林之称——黄姚古镇

浙江乌镇

乌镇地处浙江省桐乡市北端，它西临湖州市，北接江苏省吴江县，位于两省三市交界之处。乌镇具有6000多年悠久的历史，是江南六大古镇之一，素有"鱼米之乡，丝绸之府"之称。

乌镇以水为街，以岸为市。同时乌镇又有其他小镇所没有的临水建筑——水阁，因此它又有"中国最后的枕水人家"之美誉。

始于新石器时代的古镇

　　乌镇地处浙江省桐乡市的北端，西临湖州市，北界江苏吴江县，是两省三市交界之处。

　　乌镇原以市河，即车溪为界，分为乌镇和青镇。河西是乌镇，属于湖州府乌程县；河东是青镇，属于嘉兴府桐乡县。中华人民共和国

乌镇夜景

■ 乌镇夜景

成立后，市河以西的乌镇划归桐乡县，才统称为乌镇。

乌镇古名乌墩、乌戍。称"墩"，是因为地势高于四周。但何以称"乌"呢？其中说法不一。一说是越王把他的一个儿子分封在此，称乌余氏，此地称为乌墩。一说是因为土地神乌将军而名乌。一说"乌有乌陀古迹，青有昭明青锁"，故有乌镇和青镇之称。

春秋时期，乌镇是吴越边境，吴国在此驻兵，以防备越国，"乌戍"就由此而来。在正式的行政建制称谓中，自唐之后，乌镇就没有再称"乌戍"的史实了。

乌镇的历史源远流长。根据乌镇古文化遗址出土的陶器、石器、骨器、兽骨等文物，专家鉴定它们属于马家浜文化类型，在历史上处于新石器时代。可见，乌镇的祖先早在6000多年前就在这里生息、繁衍。

秦朝时，乌镇属于会稽郡，以车溪（就是今天的市河）为界，西为乌墩，属乌程县；东为青墩，属

马家浜文化 我国长江下游地区的新石器时代文化。因为浙江省嘉兴县马家浜遗址而得名。主要分布在太湖地区，南达浙江的钱塘江北岸，西北至江苏常州一带，年代约始于公元前5000年，距今7000多年的历史，至公元前4000年左右发展为崧泽文化。

萧统 字德施，小字维摩，南朝梁代文学家，南兰陵，即今江苏省常州人，梁武帝萧衍长子，母亲为萧衍的贵嫔丁令光，又称丁贵嫔。于天监元年十一月被立为太子，然未及即位，于531年去世，死后谥号"昭明"，故后世又称"昭明太子"。主持编撰的《文选》又称《昭明文选》。

由拳县，乌镇分而治之的局面由此开始。

大唐时期，乌镇隶属于苏州府。872年，索靖明王庙碑上首次出现"乌镇"的称呼。这一时期的另一通碑就是光福教寺碑上的刻有"乌青镇"的称呼，乌镇称"镇"的历史可能由此开始。当时，镇地置有镇遏使的官职。

1078年，史料上已经有关于分乌墩镇和青墩镇的记载。南宋宋光宗名为赵惇，为避光宗讳，乌墩镇、青墩镇就改称乌镇、青镇。中华人民共和国成立后，乌镇、青镇两镇合并，合称乌镇，直至今天。

乌镇悠久的历史还为人们留下了许多神奇的传说，让古老的乌镇焕发出一种神秘的色彩。乌镇古代最著名的人物是南北朝时梁朝的昭明太子萧统。萧统曾在乌镇筑馆读书多年，并编撰了《昭明文选》，这本书对我国文坛影响极大，可与《诗经》和《楚辞》

■ 浙江乌镇石拱桥

相提并论。

据说，萧统刚出生的时候，右手紧捏拳头不能伸直，东宫娘娘以及宫女都没法儿掰开，梁武帝为此十分担忧。

有位大臣献计说道："皇上何不张榜招名医来诊治呢？"

梁武帝觉得有理，就张榜招贤：谁能掰开太子的手，太子就拜他为师。

当时的一位名士沈约见了榜文就揭了榜，他想去试试。没想到的是，他捧起太子的手轻轻一掰就掰开了。梁武帝十分高兴，就赐封沈约为太子的老师。

沈约是乌程人。他的祖墓就在乌镇河西十景塘附近。沈约每年清明总要返乡扫墓，并要守墓数月，梁武帝怕儿子耽误学业，就命昭明太子跟随沈约到乌镇来读书。为此，梁武帝还在乌镇建造起一座书馆。

话说太子萧统来到乌镇，见处处桃红柳绿，鸟语花香，景色那么诱人，便终日游玩嬉戏。沈约治学严谨，他见太子不认真读书，便对他讲了一个故事：有一年冬天，我回乌镇过年，在轿子经过镇上的一座庙时，被庙前的一群百姓挡住了去路，我吩咐停轿问明

悠韵的古镇

■ 乌镇昭明书院

《昭明文选》

我国现存最早的一部诗文总集，由南朝梁武帝的长子萧统组织文人共同编选。萧统死后谥号"昭明"，所以他主编的这部文选称作《昭明文选》。该文选选录了先秦至南朝梁代八九百年间、一百多个作者、七百多篇各种体裁的文学作品。因是梁代昭明太子萧统主持编选的，故称《昭明文选》。

缘由，原来庙里冻死一个十多岁的小乞丐。

"围观的百姓说，这个小乞丐父母早亡，无依无靠，白天沿街乞讨，夜晚就宿在庙堂。但他人穷志不穷，讨来的钱都用来买书了，他经常在佛殿琉璃灯下夜读。可是一夜北风，竟夺去了他年幼的生命。

"我当时进庙一看，这个小乞丐虽然面孔瘦削，但是眉清目秀，他仰面躺在稻草堆里，身体已经冻僵，左手还拿着一本书。他是有志于学，至死还不忘读书呀……"

听完老师的话，昭明太子感动得流下了眼泪。他想，小叫花子那么穷还知道读书，而自己有这么好的条件却不务正业，自己还是太子，将来怎么管理国家呀？从此，昭明太子立志刻苦读书，后来编撰了《昭明文选》，终于成为有名的文学家。

后来，沈约把他在乌镇的府第捐给白莲寺，萧统拾馆为寺，这就是后来的密印寺。

明朝万历年间，驻乌镇同知全廷训在白莲寺门前建造了一个石坊，题为"六朝遗胜"。里人沈士茂题书"梁昭明太子同沈尚书读书处"。

这石坊位于乌镇西栅景区内，至今保存完好，成为教育子女立志读书的好地方。

石佛寺的传说更有趣。在昭明书馆遗迹西面、乌镇西栅放生桥南面，原来有一座古寺，名叫石佛寺。寺中供有3尊石佛，每尊石佛约5米高，都是用大理石雕刻而成的，镌凿工巧，造型生动，堪称石雕艺术佳品。

古人来此游览，曾留下这样的诗句：

鼎立同根丈六躯，斫山工匠世应无。
不知他日飞来意，较比鸿毛重几铢。

这座寺庙中的石佛从何而来？游人当然"不知他日

石雕 又称雕刻，是雕、刻、塑三种创制方法的总称。指用各种可塑材料或可雕可刻的硬质材料，创造出具有一定空间的可视可触的艺术形象，借以反映社会生活，表达艺术家的审美感受、审美情感、审美理想的艺术。石雕的历史可以追溯到距今一二十万年前的旧石器时代中期。从那时候起，石雕便一直沿传至今。

■ 乌镇古建筑

飞来意",乌镇民间却有人知道这几尊石佛的来历。

据说,天上的玉皇大帝得知人间有苏、杭二州,风景旖旎,胜似天堂,就决定在这两处各建造行宫一座,以便游玩。

一天,他从杭州派出4位石佛,前往苏州实地察看。4位石佛就变为4个普通人,乘坐一艘从杭州开往苏州的烧香船。

当船摇到乌镇这个地方的时候,4位石佛从船舱里往外一望,只见这里溪塘交叉,绿树成行,桃红柳绿,风光秀美。4位石佛以为苏州到了,打算先派一位上岸去看看。

船到乌镇西栅日晖桥边,一位石佛对摇船的说:"船老大,我要上岸小解,请行个方便,能否在此停靠片刻?"

■ 浙江乌镇石拱桥

■ 乌镇石桥

船夫一口答应，立即停船让客人上岸。谁知这个客人刚一上岸，船上的人只觉得船身如释重负，徒然向上一升，浮高了好几寸。

船夫惊奇地说："这位乘客真重呀，好像一个石菩萨。"

船夫话音刚落，岸上那位客人就像中了定身法一样，立在那里一动也不动了。

留在船上的那三位，见上岸的石佛真相已被船家点穿，忙推说要去拜访朋友，也急忙离船登岸，匆匆往南而去。这时船更是浮高了一大截，船上的香客议论纷纷，都猜测说这4个人莫非真是神仙，是石菩萨。

不久，日晖桥先上岸的那一位，果然变成了一尊石佛立在那里。其他三位，走到放生桥附近，也现了

菩萨 菩萨的地位仅次于佛，是协助佛传播佛法、救助众生的人物。菩萨在古印度佛教中为男子形象，流传到我国后，随着菩萨信仰的深入人心及其对世人而言所具有的深切的人情味儿，便逐渐转变为温柔慈祥的女性形象。佛教雕塑中，菩萨多以古代印度和中国贵族的服饰装扮，显得格外华丽而优雅。

风水 本为相地之术，即临场校察地理的方法。相传风水的创始人是九天玄女，比较完善的风水学问起源于战国。风水的核心思想是人与大自然的和谐，早期的风水主要关乎宫殿、住宅、村落、墓地的选址、坐向、建设等方法，原意是选择合适的地方的一门学问。它是我国历史悠久的一门玄术。

原形，变成了3尊石佛。

消息传开后，人们都说佛落仙地了，乌镇这地方风水好。人们为了保住这块仙地，就在日晖桥给先上岸的那位石佛建了一座小庙堂，又在放生桥南面，给3尊石佛造了座大寺庙，取名"石佛寺"。

人们还在寺内挂了一块匾额，上面写着"水上浮来"4个大字。

从此，每年春天总有不少善男信女到寺内顶礼膜拜。特别是从杭州烧香回来的那些苏州、常州的香客们，路过乌镇时，总要靠船上岸，到石佛寺去烧"回头香"，据说这是为了向那几位石佛致歉呢。

传说，这就是乌镇石佛寺的由来。

阅读链接

乌镇的来历还有一个传说。

相传唐宪宗元和年间，有个英勇的将军，姓乌名赞，人称乌将军。乌将军爱国爱民，武艺高强，英勇善战。浙江刺史李琦举兵叛乱，皇帝命乌赞将军同副将吴起率兵讨伐。他们穷追猛打，直打得李琦望风而逃。

当乌、吴二将追至车溪河畔时，李琦突然挂出免战牌，要求休战。然而当天深夜，叛军突袭营地，乌将军奋起迎战，李琦且战且退，退到车溪河边，从一座石桥上飞快逃走。

当乌将军跃马上桥追赶时，落进李琦事先设下的陷阱，被埋伏在四周的叛军用乱箭射杀。

人们为了纪念忠君爱国的乌赞将军和他的战马青龙驹，就将此地取名乌镇、青镇，后来人们就合称为乌镇。

以和为美的江南水乡名镇

乌镇是一座具有1300多年历史的江南古镇，具有典型的江南水乡特征。

"十"字形的内河水系将乌镇划分为东、南、西、北4个区域，当地人分别称之为东栅、南栅、西栅和北栅。它完整地保存了原有晚清时期水乡古镇的风貌和格局。

乌镇西栅景区

乌镇东栅

　　乌镇以水为街，街桥相连，依河筑屋，水镇一体，呈现出水阁、桥梁、石板巷等独具江南韵味的建筑因素，体现了我国古典民居"以和为美"的人文思想。它以自然环境和人文环境和谐相处的整体美，呈现出江南水乡古镇独特的魅力。

　　水阁是乌镇独具一格的建筑形式。乌镇的街道和民居都沿溪、河建造，所谓"人家尽枕河"。乌镇沿河的民居有一部分延伸至河面，下面用木桩或石柱深入河床中，上架横梁，放上木板，人称"水阁"，冬暖夏凉，绵延数里，是乌镇建筑的独特奇观。

　　水阁是真正的"枕河"建筑，它的三面有窗，凭窗可观市河风光，在屋中打开盖板便可吸水洗涤。乌镇的原住民就这样世代随水而生，伴水而眠，乌镇也因此被誉为"中国最后的枕水人家"。

　　作为江南水乡古镇，桥是不可或缺的。

　　据说乌镇历史上桥梁最多时有120多座，真正是"百步一桥"，保存完好的桥有30多座。其中西栅有通济桥、仁济桥，中市及东栅有应家桥、太平桥、仁寿桥、永安桥、逢源双桥，南栅有福兴桥和浮澜桥，北栅有梯云桥和利济桥。

这些桥最早建于南宋，大多始建或重建于明、清时期，有些桥还题有桥联，如通济桥的桥联是：

寒树烟中，尽乌戌六朝旧地；
夕阳帆外，是吴兴几点远山。

通云门开数万家西环浙水；
题桥人至三千里北望燕京。

这些桥联具有浓厚的历史文化气息，给人以古朴大气之感。

乌镇西栅有通济桥和仁济桥，一桥呈南北方向，另一桥呈东西方向，两桥成直角相邻。无论是站在哪一座桥边，人们都可以透过桥洞看到另一座桥，就如同井中观月，因而它博得"桥里桥"的美称。

这两座桥都是拱形结构，高大雄伟，如果在河岸观看，两桥半圆

乌镇古石桥

京杭运河 古名"邗沟运河"，是世界上里程最长，工程最大，最古老的运河，与长城并称为我国古代的两项伟大工程。大运河南起余杭，北到涿郡，途经四省两市，贯通海河、黄河、淮河、长江、钱塘江五大水系，全长约1794千米，已有2500多年的历史。

■ 乌镇桥里桥

形的桥孔倒映水面，似圆非圆，虚实相间，可谓是乌镇的一大景观。入夜后，双桥在灯光的勾勒下更有一种朦胧美。

桥里桥是乌镇最美的古桥风景，同其他地方的"双桥"相比，桥里桥无论在气势还是造型上都首屈一指。乌镇桥里桥是人文美和田园美的完美交融，兼具了野性的奔放和构造的精巧。

桥缝中野树虬枝横斜，桥柱上对联大气磅礴，站在桥头四望，水阁风光一览无遗，京杭运河蜿蜒北去，文昌阁风姿绰约，白莲塔巍峨高耸，堪称"桥景一绝"。

在我国的很多古镇，石板路并不罕见，但像乌镇这么大的街区全是石板路的并不多见。

■ 白莲塔 塔有7级，塔高51.75米，是乌镇最高的建筑。塔下有八角形的升莲广场，广场中有放生池，东侧河岸边有一条石舫。白莲塔属于宋、元时期江浙一带通行的砖木混合结构的阁式塔，外观呈梭状，塔的平面是呈正方形，塔基也是正方形，内部地面用清水方砖铺就而成。

　　最值得一提的是乌镇西栅的石板路，全长5千米，完全是数百年前的模样。街面石板的下面有一条收集和排放雨水的通道。因为下面是空的，所以走在石板路上不时会传来石板轻晃的"咕咚"声，别有一番情趣。

　　西栅的街长，弄堂也特别多，七拐八弯，犹若迷宫。弄堂因行走的人相对较少，所以路面除了石板外，还有卵石、碎石和条砖，形式多样。

　　西大街中段就是一段弄堂比较集中的地方，有酱油弄、蒋家弄、唐家弄、洪昌弄等。走进弄堂，两边山墙高耸，将头顶上的天空遮掩得只剩一条窄窄的线，不时还有横斜的树枝或人家园中的蔷薇探出墙头，曲折幽深，更添几番古典韵味。

古镇水乡河道纵横，人们为了方便上下船，筑有石阶，伸入河水中，这就是河埠，当地人称为"桥洞"。"桥洞"有宽有窄，窄的不足一米，宽的则有几十米，它是水乡居民与水亲密接触的主要通道。

乌镇的"桥洞"数不胜数，有私家和公家之分。一般的私家"桥洞"在平时是公用的，但如果遇到红白喜事的时候，就专归私家使用了，因为这种"桥洞"只用作吸水、淘米和洗菜等，所以也称作"干净桥洞"。

乌镇有独特的水阁建筑，以前大户人家往往在自家房子的临河岸上修筑一个"桥洞"，这可算是真正

■ 乌镇"桥洞"

■ 乌镇"桥洞"

的私家"桥洞"了，洗涤饮水全都在自家的地盘上完成，出门回家，船一旦靠岸就是自己家，方便至极。

还有一种公家"桥洞"相当于交通枢纽。这些河埠一般规模很大，台阶也很宽，实际是一个码头，但当地人还是习惯地叫它"桥洞"。

这些"桥洞"的石阶上，都有几根竖立的小石柱，作为拴船之用。西栅较大的"桥洞"有安渡坊、灵水居、乌将军庙和通安居等。

在乌镇中市有一座建于北宋年间的修真观。998年，道士张洞明在此结庐，传说他在此地修得真道，于是创建了修真观。

观成之后，有青鸾飞临，翔跃于修真观的上空。

翔云观 位于桐乡濮院镇，由元初邑人濮鉴始造，原名玄明观，与乌镇修真观、苏州玄妙观齐名，是江南三大道观之一。清初为了避康熙帝玄烨的讳，更名为"翔云"。旧有真武殿、三清阁、九天殿、财神殿、文昌阁、城隍殿等十多处。1776年重修，1860年毁于战乱，独存山门。

人们都非常好奇，便争相前来观看，一时间，修真观的名气大增。自古以来，修真观与濮院翔云观、苏州玄妙观并称为江南三大道观，地位极为崇高。

经后世增修的修真观共设三进，一进为山门，二进为东岳大殿，三进为玉皇阁。山门前的广场极为开阔，山门正门上方挂有一个特大算盘，下方书有对联一副：人有千算，天则一算，极具警世意味。在大殿两边分设十殿阎王、瘟元帅和财神等配殿。

古镇东栅有一处徐家豪宅，后被改为江南木雕陈列馆。豪宅又名百花厅，它以木雕精美而远近闻名。整座宅院雕梁画栋，尤其是门楣窗棂上的人物、飞禽、走兽，通过圆雕、平雕、透雕和镂空雕等手法表现得出神入化。在正室偏屋内陈列着丰富的古代木雕器件。

木雕馆里的木雕取材丰富，有"八仙过海"和"郭子仪祝寿"等民间传说，有打鱼、斗蟋蟀和敲锣打鼓等生活场景，也有龙凤呈祥、

■ 玄妙观 创建于276年，玄妙观极盛时有殿宇30多座，是当时全国最大的道观。后世存有山门、三清殿、弥罗宝阁及21座配殿。1179年重建的主殿三清殿建筑面积1125平方米，重檐歇山，巍峨壮丽，是江南一带现存最大的宋代木构建筑。

悠韵的古镇

松鼠吃葡萄和梅兰竹菊等传统图样。这些木雕以其古朴的风格、细腻精巧的表现手法，刻画出江南一带的民俗风情。

江南木雕陈列馆藏品丰富，人们可以领略几千年来我国博大精深的木雕文化和文化韵味。

乌镇的美景数不胜数，江南民俗馆、江南百床馆、文昌阁、古戏台、月老庙、水上集市等，让人流连忘返。

乌镇千年的历史文化积淀、淳朴秀美的水乡美景、缤纷多彩的民俗节日和古镇人民亘古不变的生活方式使它成了东方古老文明的活化石。乌镇千年的智慧伴随着脉脉书香，为我们展现出了一幅幅迷人的历史画卷。

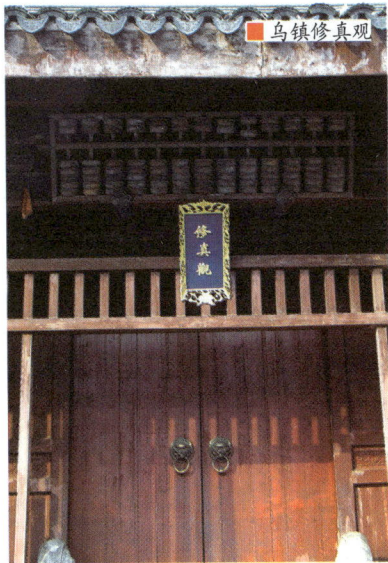
乌镇修真观

阅读链接

在唐代，乌镇的商业就非常发达，京杭大运河穿镇而过，使乌镇与外界有着更多的贸易往来。古镇经济的繁荣，促进了与外界频繁的信息交流。

至元代，乌镇正式有了马驿和水驿之分，在乌镇境内设置的大部分为水驿，就是用船来运送、传递公文信函等。驿站内设有固定船户，负责传递官方文书。

乌镇西市河是京杭大运河的一条支流，乌镇老邮局位于西市河畔。1891年，乌镇成立了老协兴民信局。它虽以营利为目的，但邮资比较低，因此业务非常广泛。它不仅可以传递国内的信件，还可以传递海外华侨和家属之间的通信。

极具水乡特色的民俗和特产

　　享誉海内外的乌镇被誉为"东方古老文明的活化石"。不仅仅因其淳朴秀美的水乡风情，更因其传承了我国千年的历史文化。

　　乌镇风味独特的美食佳肴、缤纷多彩的民俗节日、深广厚重的人文积淀，无处不伴随着脉脉书香。

■ 乌镇古桥

乌镇自古以来就是，名人荟萃、学子辈出，从1000多年前我国最早的诗文总集编选者梁昭明太子，到著名的理学家张杨园、著名藏书家鲍廷博、晚清翰林严辰和夏同善等。乌镇自宋代至清代，共有贡生160人，举人161人，进士及第64人，另有荫功袭封者136人。

■ 乌镇古建筑

乌镇地处河流冲积和湖沼淤积平原，地势平坦，无山丘，河流纵横交织，气候温和湿润，雨量充沛，光照充足，物产丰富，素有"鱼米之乡，丝绸之府"之称。

清晨，踏着漫漫轻雾，进入东栅，一路沿着河边漫步，走在这个千年古镇中，无处不感受到人文荟萃的古镇所散发的人文气息。

作为江南水乡，千百年以来，乌镇一直保留着淳朴的民风民俗，如贺岁拜年、元宵走桥、清明踏青、

鲍廷博 字以文，号渌饮，随父鲍思诩居于杭州，后来定居在乌镇。鲍廷博是歙县秀才，勤学好古，藏书很多。他与江浙一带著名的藏书家频繁交往，互相借抄，并广录先人后哲所遗的手稿，所抄书籍不计其数，仅流传至今有据可考的就有140多种。

悠韵的古镇

■ 乌镇石桥

钟馗 我国民间传说中能打鬼驱除邪祟的神——"赐福镇宅圣君"。古书记载他是唐初长安终南山人，生得豹头环眼，铁面虬鬓，相貌奇异。然而他是一个才华横溢、满腹经纶的人物，平素正气浩然，刚直不阿，为人正直，肝胆相照。民间常挂钟馗的像赐福镇宅，跳钟馗舞，以祈福祛邪。

端午吃粽、分龙彩雨、天贶晒虫、中元河灯等。

农历正月初一为春节，旧称"过年"，是最隆重的传统节日。前一日为除夕，俗称"大年夜"，合家团聚吃"年夜饭"。当晚并有拜利事、接灶神等活动。初一晨起"接天"，次拜祖宗，再拜高堂，长幼循拜，然后会亲朋、贺新岁，统称"拜年"。

农历正月十五为元宵节，俗称"正月半"，乌镇人有走桥的习俗。元宵节夜晚，乌镇人三五人结伴出游，途中至少要走10座桥，路线不可重复。

这一风俗源于旧时普遍流行的一种以妇女为主体的避灾禳解活动，称"走十桥"或"祛百病"。

当时，妇女们梳妆后各带一个平时煎药的瓦罐结队而行，过桥时将瓦罐丢入河中，认为这样可保在新的一年里无病无灾。至近代，丢药罐的举动消失了，演化为一种单纯的节日游乐和祈福活动。

清明是二十四节气之一，唐代以后与寒食节合而为一。乌镇更有许多与养蚕相关的习俗。

清明这天，各地的蚕农一齐来到普静寺烧香祈蚕，称为"香市"。当时，商贩云集，游人如织，售货摊、演艺场热闹非凡。河港中举办踏白船、打拳船竞技斗勇活动，这些活动要持续半个多月，成为水乡蚕农的狂欢节。

农历五月初五为端午节，也称"天中节"，家家裹粽子，亲友互相馈赠，相传此俗源于对屈原的纪念。乌镇人要挂钟馗图，贴天师符，门前悬有艾蒿、菖蒲、桃枝、大蒜，以避邪，食黄鱼、饮雄黄酒等。

农历五月二十五为"分龙日"，也称"分龙节"。传说，司雨的龙王们于此日分赴各自管辖的区域降雨，故又名分龙。每到这一天，各坊水龙会整装集队，带上全副救火器具，会聚于镇中的旷地河畔，有的事先在水龙、水桶中放进各种颜料。

■ 屈原（约前340年～前278年），名平，字原，我国古代伟大的爱国诗人。战国时期的楚国贵族出身，任三闾大夫、左徒，兼管内政外交大事。主要作品有《离骚》《九章》《九歌》《天问》等。

■ 乌镇老街

悠韵的古镇

道观 道士修炼的地方。道观要保持得清静、整洁和庄严。在什么地方修建道观和修道是紧密相连的。道教的基本信仰是"道"，道教信仰中与"道"并提的是"德"。修道的方法有很多，如祈禳、存思养性、内丹、外丹等。但无论用哪一种方法修道，都需要安静，不受外界干扰。

一声令下，锣鼓齐鸣，各水龙同时对空喷射，五彩缤纷，十分壮观。

农历六月初六，时值盛夏烈日，乌镇有谚称"六月六，晒得鸭蛋熟"，是说这天正是曝虫晒霉的好时光。每到这一天，乌镇上读书人家晒书籍，寺庙僧尼晒经卷，普通百姓晒衣物。

这天，镇里还有牵猫狗在河里洗澡的习俗，据说可以避虱蛀。人们晒热水为孩童洗澡，妇女则要在这天洗发。此外，在这天，家家户户都要吃馄饨。

农历七月十五为中元节，俗称"七月半"。当天，道观要作斋醮荐福，佛寺举行盂兰盆会。释、道两教共举法事，民间则家家户户祭祀祖先，故又称"鬼节"。

作为江南水乡重镇，乌镇的地方特产也是独一无二的，如乌锦、丝绵、湖笔、手工酱、三白酒、姑嫂饼、熏豆茶、三珍酱鸡、蓝印花布、乌镇定胜糕等。

乌镇丝绸著名老字号是益大丝号。乌锦的织造工艺极为繁复，一天仅能织0.05~0.06米。乌锦是精选最优等的天然蚕丝织成的，有的产品还辅以纯金线织造。提花丝织锦缎质地坚实、雍容华贵，是锦中的上品。

乌镇是蚕桑之乡、丝绸之府的中心地带，所出产的丝绵质地坚柔，无块，无筋，无杂质，色泽洁白，

匀薄如纸。当地人称丝绵为"大环绵"或"手绵"，它的轻薄、保暖、透气，是其他棉类所不能比拟的。

乌镇历史上隶属湖州府，所以湖笔的制作工艺在这里十分盛行，湖笔采用山羊、黄鼠狼、山兔等兽毛为原料，经过70多道手工工序制作而成，具有尖、齐、圆、健四大特色，书写绘画得心应手。

我国是酱油生产起源最早的国家，距今已经有2000多年的历史。1859年，陶叙昌创立了以自己名字为号的叙昌酱园，这是乌镇有历史记载以来的最早的酱园。100多年来，叙昌酱园产品的风格与品质始终如一。

叙昌酱园的主要产品有叙昌牌豆瓣酱、酱油、酱菜等。酱品以纯古法酿制，不含人工香精、色素、防腐剂，酱香浓郁，风味天然。

三白酒是乌镇人的美酒，天然原料纯手工酿成。据《乌青镇志》记载，以白米、白面和白水酿成，故名三白酒。三白酒以其香气浓郁、酒味醇厚、入口绵甜、回味爽净、余香不绝而声名远扬，几百年来风靡江南，经久不衰。

乌镇姑嫂饼是桐乡乌镇的传统名点。据《乌青镇志》记载，姑嫂饼距今已有100多年的历史了。民间传说它是因姑

法事 又称法要、佛事，宣扬佛法或指修行之意，也称诵经、讲经、斋会等法会为法事。法事是寺院道场的重要行事之一。在所举办的法事当中，有忏摩、布萨、升座说法等。一年当中有春、秋二祭，及三飯五戒、八关斋戒的多次举行，方便社会大众参与修持。

■ 乌镇弄堂

嫂两人斗气而成。味道比酥糖果可口，具有油而不腻、酥而不散、既香又糯、甜中带咸的特点。

熏豆茶又称烘豆茶，主要原料是熏豆，辅料有桂花、炒芝麻、橙皮、萝卜丝、苏子、炒柏子等，故乌镇人有"吃茶"一说。熏豆茶香气馥郁，是富有滋补功能的待客上品。

三珍酱鸡是选用本地农民当年放养的土种雌鸡作为原料。整只鸡原汁浸烧3次出汤，再放入上等酱油、黄酒、白糖和香料等佐料焖烧。出锅后再涂上一层麻油，外观酱红油亮，入口脆嫩鲜美，后味无尽。

蓝印花布俗称"石灰拷花布""拷花蓝布"，是我国传统的民间工艺精品，用棉线纺织、黄豆粉刮浆、蓝草汁印花，纯手工制成，具有鲜明的民间和民族特色。

定胜糕是乌镇有名的特产美食，其形状为荷花状，外层是精制的香米和糯米粉，米粉细而均匀，里面是豆沙馅，中间混有少量白糖和桂花，味道香糯可口，甜而不腻。

阅读链接

在浙江乌镇，极具民风的特产有很多，定胜糕就是其中著名的特色美食，关于它的由来还有一个传说呢。

据说，古时候，乌镇人民为了迎接打仗得胜回来的将士，特别制作了一种点心。这种糕点颜色绯红，象征着将士的凯旋，名为定胜糕。

后来，又因为乌镇百姓自古以读书为荣，古时读书的人考取了状元，亲朋好友都要做几笼香甜柔软的定胜糕前来送行，以表达人们对金榜题名的美好祝愿。

江苏甪直

甪直古镇位于江苏省苏州市吴中区。其原名为甫里，后因镇东有直港，通向六处，水流形状犹如"甪"字，故改名为"甪直"。甪直古镇人文荟萃，文化积淀深厚，距今已有5500多年的历史。

古镇河水清清，环境幽雅，名胜古迹星罗棋布，古桥、古街、古民宅以及具有1300多年历史的银杏树令人赞叹不已。其中古桥是甪直的一大特色，素有"中国古桥博物馆"之美誉。

关于甪直和甪端的古老传说

甪直镇距离苏州城东25千米，据《吴郡甫里志》记载，甪直原本是吴淞江畔的无名小村落，面积刚好500米见方，也就是一里见方，于是称"甫里"。

■ 甪直古镇

人类从距今5500年前就开始在澄湖地区活动了，并在此繁衍生息，连绵不断，一直延续至宋代，之后开始向东北转移，逐步形成现在的甪直镇。

传说，春秋时期的吴王阖闾在位18年。他曾在甪直西南近郊筑了一个行宫，名叫"吴宫"，规模很大，现在甪直的村公田村就是"吴宫"的旧址。元末明初文人夏元吉有《过六直浦》诗写道：

浦名六直因谁得，缘有龟蒙故宅基。

人们据此推测，是因唐代诗人陆龟蒙号甫里先生并隐居于此地，故此得名的。唐代以后，因镇东有直港通向六个方向，水流的形状就像"甪"字，因而改名为"甪直"。

甪直古镇，俯视呈"上"字形，占地约1平方千米。传说，古代独角神兽"角端"巡察神州大地时路经甪直，见这里是一块风水宝地，

角直古镇石桥

因此就长期落在角直。角直有史以来，没有战荒，没有旱涝灾害，百姓丰衣足食。

角直的最大特色是桥多。1平方千米的古镇有5千米长的河道，有宋、元、明、清时代的石拱桥数十座。有多孔的大石桥、独孔的小石桥、宽敞的拱形桥、狭窄的平顶桥，也有装饰性很强的双桥、左右相邻的姊妹桥和方便镇上居民的平桥。

另外，古银杏树也是角直镇的一大特色，目前镇上有银杏树7棵。

现在古镇仍旧留有以卵石及花岗石铺成的街道，深巷两旁为黛瓦白墙、木门木窗、宽梁翘脊的古建筑，大多为明清时代所建。古镇区有58条巷子，最深达150米，较罕见。河床上来往小船，络绎不绝，井然有序。

作为我国历史文化名镇，角直已有5700多年的历史，被誉为"神州水乡第一镇"的角直，是个常被人读错的地名。

在我国汉字中，"甪"字并不常见，当初为何以此字命名古镇呢？这还得从甪端说起。

甪端是角直镇的镇标，矗立在古镇角直广场中央。石雕甪端的碑文这样写道：

> 甪端，传说中是一种神异、吉祥之兽，它日行一万八千里，懂得四方语言，知道远方之事。形如狻猊，专蹲风水宝地。

其实，甪端和麒麟都是我国古代民间臆造的神兽。据说，它们是流行于官场和民间的一对独角兄弟。麒麟是官方的吉祥物，象征光明正大、秉公执法；甪端是民间的吉祥物，象征吉祥如意和风调雨顺。

传说当年秦始皇一统天下后，就到处搜刮民间宝物来装饰皇宫。秦始皇喜欢驯养异禽怪兽，因此，他就在咸阳郊外围地约0.7平方千米，专门建筑一座禽兽园，以收罗各地的珍禽异兽。

有一天，园中一头硕大的野牛临产，生下一对独角怪兽，一雄一雌，外形怪异，生有犀角、狮身、龙背、熊爪、鱼鳞和牛尾。众官员大喜，他们把怪兽命名为"角端"。

秦始皇获报后，高兴地说："角端之名尚欠，朕赐它甪端。可有人明白甪端之意？"

有一个园官谨小慎微地说："皇上赐名甪端，意思是说，'角'字头形似双角，指的是双角兽，而'甪'字头形似独角，

■秦始皇（前259年～前210年），嬴政，嬴姓赵氏，故又称赵政。我国历史上著名的政治家、改革家、战略家，首位完成中国统一的秦朝开国皇帝。秦始皇把中国推向了大一统时代，对中国和世界历史产生了深远影响，被明代思想家李贽誉为"千古一帝"。

■ 角端塑像

指的是独角兽之角。皇上真是圣明。"

秦始皇于是就命这个小官专管繁殖角端的后代。可是秦始皇等了5年，不见奏报。就命令园官：再不育出后代，一个月杀一个园官。角端得知此情，为了不冤屈园官，于深夜冲破禁锢，腾空向南巡行。

秦始皇得知此事，命御林军追捕角端。

角端拼命逃跑，途中刚想歇脚，因长相怪诞，招来当地人围观，不得不亡命而逃。角端巡行到甫里镇郊的澄湖上空，见到湖水清澈，水波浩渺，便偷偷降落，藏在湖中。

当地人不但不追捕，反而为它们提供食物，在湖边搭了一个大棚让它们居住。角端见当地人淳朴、善良、厚道，也就安心居住在澄湖之畔。

每当湖中发生沉船，有人落水的时候，角端就腾飞而至，背驮落水人送至岸上，又将沉船拖至岸边。

自从角端来临，澄湖一带风调雨顺，少有天灾。后来，两只角端死了。当地人将它们合葬在澄湖岸边，角端便成为速度快、信息灵和保境安民的象征。

在北京故宫太和殿两边就放着一对角端。用角端护卫在侧，显示皇帝是有道明君，身在宝座而晓天下事，做到八方归顺，四海来朝。

角直妇女的传统服饰极富水乡特色。她们以梳髻髻头、扎包头巾、穿拼接衫、拼裆裤、束裙裙、穿绣花鞋而出

角直古镇

名，这种着传统服饰的妇女站在人群里既亮丽，又显眼，被城里人戏称为"苏州的少数民族"。

至今角直地区仍保留着江南水乡妇女传统特色的民族服装。尤其是在该镇西部地区40岁以上的妇女中仍很流行，在镇上每天都能看到穿着这些传统服装的妇女上街赶集，这也是水乡古镇的一道亮丽的风景线。

角直的名菜也别有渊源。传说，甫里鸡和甫里蹄两道名菜曾是晚唐诗人陆龟蒙隐居甫里时宴请来往宾朋的主菜，一直流传至今，成为江南的名菜，喻有团圆、美满之意。

阅读链接

传说角直名称的来历也与角端有关。

有一天，角端偶然路过六直古镇，它在天上飞得累了，便想停下来看看，这一看不要紧，它被这里的风土人情与淳朴的民风吸引了，心想："老夫漂泊半生还没有见过这么好的地方，要是能在此终了一生，那该多好啊！"

从此它就不走了。因此角直有史以来就没有战荒，没有旱涝灾害，人们年年丰衣足食。因"六"字古音和"角"字相同，人们为了纪念神兽，就改"六直"为"角直"。

张陵山文化遗址和保圣寺

　　甪直古代曾是吴宫旧地，在唐、宋时期就已经成为江南名镇。张陵山文化遗址及保圣寺是两处非常著名的景观。

　　张陵山文化遗址后被辟为张陵公园，俗称张陵山，位于甪直镇西南，相传是汉代丞相张苍的墓地。然而在张陵山人们并没有发现张苍的墓葬，却发现不少文物。

　　后来，当地农民发掘出土了玉镯、玉器、玉瑗、玉管、穿孔玉斧和不少陶器。这些都是崧泽、良渚文化时期的文物，证实张陵山当属距今5500年左右的文化遗址。

　　后来，经文管部门组织，在陵区两侧清理出新石器时代墓葬11座，还清理出东晋砖墓室5座，发掘出蜀青连岗文化类型与良渚文化类型遗址，距今约6000年。

甪直张陵公园

保圣寺建于503年，寺内由唐代著名雕塑家杨惠之所塑的9尊泥塑罗汉，虽历经千年沧桑，但仍然保存完好。

元代书法家赵孟頫曾为寺院题写抱柱联：

梵宫敕建梁朝，推甫里禅林第一；
罗汉溯源惠之，为江南佛像无双。

保圣寺内的斗鸭池、小虹桥和清风亭，是晚唐著名诗人、文学家陆龟蒙先生留下的遗迹。陆龟蒙曾做过湖州、苏州刺史的幕僚，但他一生清贫，生活简朴，常与农民一起耕种田地，并最先发明了农民翻土耕地的牛犁，当地的农民特别敬重他。

保圣寺原名保圣教寺，是我国江南著名的千年

■ 赵孟頫画像

■ 甪直保圣寺

古刹。该寺始建于503年，距今已有1500多年的历史。梁武帝萧衍笃信佛教，当上皇帝后就大兴寺庙，保圣教寺就是"南朝四百八十寺"之一。

保圣寺历代兴废，最盛时期，殿宇达5000多间，僧众千人，范围达半个镇。及至明代成化年间，寺内仍有200多间殿宇，保持了一流寺庙的格局，号称"江南四大寺院"之一。寺内所存建筑有二山门、天王殿、古物馆等。

现在的保圣寺山门是按乾隆年间的原貌重修起来的。走进二山门，便见天王殿气宇轩昂，单檐歇山式屋顶，戗角起翘采用立脚飞檐式，显示出江南佛殿建筑的独特风格。

殿内建筑是采用明代昂嘴斗拱结构。这座天王殿是明代崇祯年间在宋代殿基上重建起来的。梁式为前后三步梁，上加驼峰。

柱础为覆盆式石础，刻有"压地隐出神童牡丹花"图案，这是北宋大中祥符年间的遗物。殿内原有高大的四大天王泥塑，抗战期间毁于侵华日军之手。

天王殿北侧就是庭院。院内有两件文物：一是青石经幢，二是铁钟。青石经幢立于西侧，它的全称叫"尊胜陀罗尼经咒石幢"。经幢是唐代创始的一种佛教石刻，由盖、柱、座三部分组成，柱上刻佛像、佛名或经咒。

保圣寺里原有唐、宋时期的经幢各一通，后世只存唐代经幢和宋代经幢的一块八角形刻经石了。保圣寺的经幢，是854年由唐政府所建，1145年南宋政府重立，上刻陀罗尼经咒语。由于年代久远，不少字迹已无法辨认。

这座经幢由多块石柱堆建而成，每块石柱上面都有盘盖，盘盖大于柱经，起着承上启下的作用，也有遮雨和装饰的作用。这座尊胜陀罗尼经咒石幢共分7

咒语 有一定能量的信息。咒在佛教中被称为真言，且广泛运用于佛教典籍。在佛教中，咒或名陀罗尼，亦即总持法门，是诸佛菩萨修持得果之心法结晶。在道教施法仪式中，常有咒语、掐诀、步罡等，它们和书符一起成为道法的基本手段。

■ 保圣寺古物馆

■ 保圣寺大铁钟

崧泽文化 距今5800~4900年，属于新石器时代母系社会向父系社会过渡阶段。崧泽文化上承马家浜文化，下接良渚文化，是长江下游太湖流域的重要的文化阶段。崧泽文化遗址有4处，即崧泽遗址、福泉山遗址、金山坟遗址和寺前村遗址，出土各类文物800多件。

层，无论是其年代还是艺术价值，都是一件不可多得的艺术珍品。

铁钟既是佛寺的镇山之宝，也是佛寺的历史见证。保圣寺的这座寺钟，铸于明末清初，已经有300多年的历史。

钟上刻有铭文 "风调雨顺""五谷丰登"等吉言。佛经上有"闻钟声，烦恼清，智慧长，菩提生"的说法，鼓钟也是行善的一种壮举。

庭院之北，就是在大雄宝殿原址上建立的古物馆，内有世界闻名的"塑壁罗汉"。

据《甫里志》记载，原来的大雄宝殿建于1013年，殿内供奉释迦牟尼佛像，旁列十八罗汉，是杨惠之临摹的。

杨惠之是吴县人，唐代开元年间，与吴道子一起学苏州画家张僧繇的笔法，后来专门研究泥塑，当时有"道子画，惠之塑，夺得僧繇神笔路"的美谈。

杨惠之在南北各地寺院制作过许多塑像，但由于泥塑作品不像石刻铜雕那样耐久，因此其真迹很难保存下来。

20世纪初，大雄宝殿由于年久失修，岌岌可危，十八尊罗汉塑像随时有被毁的危险，当时政府未能立即采取措施。

后来，大殿的半边又坠塌，半数罗汉被毁，造成了不可挽回的损失。过后，经蔡元培、马叙伦、叶楚伧、顾颉刚等先生的呼吁，公私合力集资倡修，建造了这座中西合璧式的罗汉堂，并把幸存的9尊罗汉塑像放在原位。

后世馆内的罗汉塑像虽仅存一半，而还有残缺，但仍不失为古典艺术上的瑰宝。

保圣寺前10多米处是一条古朴的商业街。一条石铺的街道绵延狭长，林立的店铺叫卖风味小吃，两旁狭窄的骑楼上人们伸手可握。

顺着小街往里行，透过高墙重门，依然可见从纵深透迤处飘来的幽幽书香。那虚掩的门扉、蔓延的藤条，引发人们无尽的怀古情结。

在保圣寺罗汉殿之东侧，辟为展出甪直澄湖遗址以出土文物为主的文物馆，馆内陈列了不同时期、形态各异的水井，崧泽文化时期的彩绘陶瓶、黑皮陶壶，良渚文化时期的提梁壶，西周时期的陶尊、东周时期的铜削等珍贵文物。

除此之外，还有距今5500年的原始村落模型，用生动形象的手段展示了甪直先民5000多年以来生产、生活的情景。

在大量的古文化遗存中，崧泽文化时期的水稻田是江南地区首次发现的。

虽然长江下游水稻栽培的

良渚文化 分布的中心地区在太湖流域，而遗址分布最密集的地区则在太湖流域的东北部、东部和东南部。良渚文化存续之间为距今5300~4200年前，属于新石器时代，该文化遗址的最大特色是所出土的玉器，包括璧、琮、钺、冠形器、三叉形玉器、玉镯、玉带及环等。此外，出土的陶器也相当细致。

■ 保圣寺古物馆

保圣寺

悠韵的古镇

历史起源于6000年前的马家浜文化时期，然而崧泽文化时期的稻田及其相配套的池塘、水沟和水口等农用排灌系统的出现，证明了这一时期的人类种植水稻技术比马家浜文化时期更进了一步。

阅读链接

在甪直古镇，随处可见民居的大门上贴着传统楹联。如"忠厚传家久 诗书礼仪长"，这副对联，就道出了甪直人的价值取向。

1000多年以来，受悠久灿烂的文化滋润，这里民风淳朴，人心向善，礼贤下士，温良恭俭，造就了许多文坛巨匠和名人雅士。从唐代诗人、文学家陆龟蒙到现代的教育家、文学家叶圣陶，小镇历代皆有人才出现，积淀了厚重的历史文化。

古代也有不少志士仁人在这里刻苦攻读，为拯万民于水火、挽民族于危难而上下求索。至近代，更有一些达官富贾在功成名就之后，回到古镇，躲进小筑，远离尘嚣。在小巷深处，守一室芳香，沐一身书香。宁静淡泊，颐养天年。

文化气息浓郁的古镇民宅

沈宅是甪直教育家沈柏寒先生的故居，建于1873年，原建筑面积3500平方米。宅内建有仪仗厅，曾经作为摆放官帽、花轿之用。这原是沈家便厅，招待一般客人的茶厅，后来被辟为"吴东水乡妇女服饰展"的展厅。

在这里，人们沉浸于充满水乡特色的民俗文化之中。生活在苏州以东的甪直、胜甫、唯亭、陈墓一带的农村妇女，依然保留着传统的民俗服饰，富有江南水乡特色，故有"苏州少数民族"之美称。

沈宅屏风

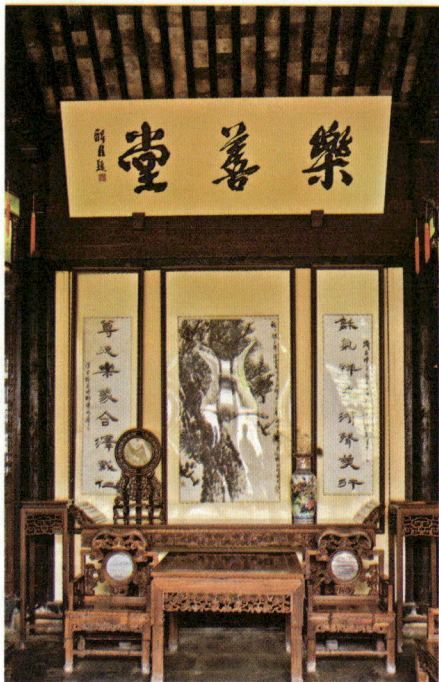

■ 江苏角直古镇沈柏寒先生故居

沈宅的精华部分是乐善堂。这座3开间正厅是角直镇上最豪华的建筑，不仅高大宽敞，雕饰遍布，而且因前后做重轩，冬暖夏凉，四季皆宜。

沈柏寒是角直人，光绪年间重建甫里书院的沈宽夫就是他的祖父。沈柏寒7岁丧父，由母亲抚养长大，因沈柏寒是沈家长子，其祖父特别疼爱他，从小就得到名师的指点。21岁时东渡日本，入早稻田大学教育系攻读。23岁时，沈宅大家庭内部发生严重纠纷，沈柏寒只能辍学回家。回到家乡，他痛感古镇风气的闭塞，认为必须启迪民智，于是确立了教育救国的思想，把甫里书院改为甫里小学，从事教育事业。在乐善堂内有两副抱柱联：

经济有成，事业俱自苦志起；读书最乐，俊彦都由名教来。

和气祥光，请声美行；尊德乐义，合泽戴仁。

光绪（1871—1908年），爱新觉罗·载湉，清德宗光绪皇帝，清朝第11位皇帝。4岁登基，起初由慈安、慈禧两宫太后垂帘听政，慈安崩逝后，由慈禧一宫独裁，直至光绪帝18岁亲政，慈禧太后垂帘听政。

前一副对联是教育子孙的话，后一副对联则是跟堂名有关，是希望由"乐善"而达到至高境界。

在堂东面有一楼一底原来是沈先生的书房，楼底是灶间，保留了当时大户人家的炊膳陈设。宅内还有两口古井：一口位于乐善堂前的天井里，上有武康石井圈，据传是宋代井；另一口井位于楼厅前的阶石东角，传说是明代井。

100多年的宅院内怎么会有宋代和明代两口古井呢？因为富家买下别人房产改建新宅时，为保留风水和图"财源滚滚"的好口彩，对老井一般保留在原处。后面天井之北是7间带厢房的楼厅，东、西两边都有楼梯，是当时沈家女子活动的地方。

古镇另一处著名宅院是萧宅。萧宅位于和丰桥南约30米处，建于1889年，占地1000多平方米，是古镇保存较好的清代民宅。

此宅原由清代武举人杨姓所建，后来卖给了萧冰黎，故称萧宅。萧冰黎在"五高"任教，为地方公益做出过贡献。

举人 本意是指被荐举的人。汉代实行取士制度，无考试之法，朝廷令郡国守相荐举贤才，因以"举人"称所举之人。唐、宋时期设有进士科，凡应科目经有司贡举者，都被称为举人。到了明、清时期，则称乡试中试的人为举人，也称大会状、大春元。

■ 萧宅门楼

■ 王韬故居

匾额 古建筑的必然组成部分，相当于古建筑的眼睛。匾额中的"匾"字古也作"扁"字。悬挂于门屏上作装饰之用，反映建筑物名称和性质，表达人们义理、情感之类的文学艺术形式即为匾额。但也有一种说法认为，横着的叫匾，竖着的叫额。

萧宅共五进，4间开阔，朝东面西，依次是门楼、茶厅、厢楼和饭厅，都建在一条中轴线上。萧宅南侧有一条长约150米的备弄，俗称萧家弄。

茶厅和楼厅前各有一座砖雕门楼，楼额分别是"积善余庆"和"燕翼诒谋"。前者为旧时常用颂语，"燕翼诒谋"典出《诗经·大雅》，意思是要善于为子孙后代谋划，富有警醒深意。

门厅上刻有浮雕荷花柱，花板上有云凤图案浮雕，茶厅的梁上有浮雕和镂刻图案。楼厅梁垫上也有花卉雕饰。楼厅为主建筑，楼上起居室，楼下会客宴请，主厅前后做重轩，具有典型的江南厅堂特色。

整宅五进，结构紧凑，布局巧妙，宅基一进比一进高，寓意"步步高升"，充分体现了苏派建筑独特的艺术风格，可谓江南私家住宅建筑的精品。

宅后原有大马厩，这在江南民居中极为少见。因原宅主是武举人，考虑到要练习骑马射箭，养马为必需。北后门是大院子，可遛马，人称杨家花园，后来成为民居群。

除了两所古宅，古镇的王韬纪念馆也非常出名。王韬纪念馆位于角直中市下塘街6号，是一座具有清代建筑风格的住宅，占地800平方米。坐东朝西，共分王韬生平事迹陈列室、王韬故居和韬园三部分。

门楼上书有钱君陶先生题写的馆名，宅中为面阔3间的鸳鸯厅，上悬匾额"蘅花馆"。大厅正中竖有高大的木雕屏风，屏风前置有王韬半身铜像，厅柱上镌刻着王韬自撰的对联：

短衣匹马随李广；纸阁芦帘对孟光。

王韬的思想和主张在当时是颇有影响的，他曾提出"富强即治国之本"，提倡学习西方的科学技术，要求发展工商业和新式交通事业，主张改革封建的科举制度、学校制度。

王韬是近代著名思想家、清末改良主义政论家，甪直人，出身于书香门第，18岁以第一名考中秀才。

鸳鸯 鸟类名。善游泳，翼长，能飞，是我国著名特产珍禽之一。据传鸳鸯是"一夫一妻"和"白头偕老"的表率，它们一旦结为配偶，便不离不弃，即使一方不幸死亡，另一方也不再寻觅新的配偶，而是孤独凄凉地度过余生，因此鸳鸯在我国被视为永恒之爱的象征。

■ 王韬塑像

1849年，从事编译西学书籍达13年，广泛接触了西方的社会科学知识。他曾经与人翻译了《诗》《春秋》《左传》等古籍，闲暇之时兼治经学。

1884年，王韬获得李鸿章默许，移家回到上海，结束了长达23年的流亡生活。此后不再远游，在沪西构筑韬园，潜心著述，有《弢园文录外编》《弢园尺牍》《蘅华馆诗录》等数十部著作。后来，甪直镇人民政府为纪念思想家王韬，弘扬他的爱国思想和开放意识，筹建了王韬纪念馆。

中华人民共和国成立后，甪直镇政府对古镇进行了大量的修旧工作，修复了古镇沿街河棚和沈宅、万盛米行、萧宅等一大批古民宅和历史景观，整修了古街道和古桥、驳岸，使古镇的风情、风貌得到了崭新的体现。

阅读链接

在甪直古镇，有一家百年老字号，它就是万盛米行。万盛米行的原型是甪直镇南市的万成恒米行，位于甪直镇南市河的西岸。它地处甪直古镇南大门。

万成恒米行是甪直镇一家老字号店铺，始于民国初年，由镇上沈、范两家富商合伙经营。米行规模宏大，有近百间廒间，是当时吴东地区首屈一指的大米行，是甪直镇及周围10多个乡镇的粮食集散中心之一。

米行的格局为"前店后场"，前面是做买卖的店铺，后面是大米加工的工场和储存粮食的廒仓。米行的河埠头当地方言叫"河滩头"，是装卸谷米的码头。每到新谷登场，这里就舟船汇集，极为热闹。

光福古镇

光福古镇位于江苏省苏州市吴中区，是江苏省历史文化名镇，地处太湖之滨，邓尉山麓。光福是一座嵌入太湖的半岛。

光福古镇既有铜观音寺、司徒庙、圣恩寺、石嵝庵、香雪海等著名景点，更有光福核雕等一批重要的非物质文化遗产。

光福有"湖光山色，洞天福地"之美称，四季有果，自然资源极为丰富，享有"鱼米之乡"的美称。

因九真太守舍宅为寺得名

　　光福镇山清水秀，景致如画，可谓是四季如春，花果遍地。南朝梁大同年间的九真太守舍宅为寺，取其"光福"两字，故名。

　　悠久的人文历史和深厚的文化沉积，为这里增添了迷人的典故和

光福古镇

神秘的传说，而光福则在扑朔迷离之间越发显得魅力无穷，令人心驰神往。

光福的历史，可以追溯至距今六七千年以前，考古学家在东太湖水域底部发现了六七千年前的稻谷、瓦片、绢片、丝绒、竹器和纺轮等遗物。

光福镇相传是春秋时期的吴王养老虎的地方，萧梁时期在龟峰建有光福寺，于是镇以寺名。至梁朝，光福镇新增了两处著名的寺院：一处是铜观音寺，另一处是光福寺。

铜观音寺坐落于光福镇龟山南麓的下街，原名光福寺，始建于503年。这里曾作为高僧讲经授道的地方，在唐朝达到鼎盛时期。因寺内原供奉有铜观音像，又名铜观音寺。

后世保留的建筑有大殿、西方殿、寺桥及光福塔。作为吴地最古老的寺院，它与寺前宋代的石桥、寺后山顶光福古塔、寺院内廊壁古香古色的碑碣古刻都已成为苏州重要的珍贵文物瑰宝。

■ 舍利佛塔

藻井 我国传统建筑中室内顶棚的独特装饰部分。一般做成向上隆起的井状，有方形、多边形或圆形凹面，周围饰以各种花藻井纹、雕刻和彩绘。多用在宫殿、寺庙中的宝座、佛坛上方最重要部位。藻井是我国古代殿堂室内顶棚的一种独特做法。因其外形像个凹进去的井，"井"加上藻文饰样，所以称为藻井。

光福寺的前身是私家住宅，是当时侍从皇帝、传达诏命要职的黄门侍郎顾野王，把自己的宅院无偿献出，建成寺院。唐代武则天当政时期改为光福寺，香火十分旺盛。

1040年6月，有位村民在光福寺旁取土，挖出一尊铜观音像，随即敬赠给光福寺。此事在当时轰动了吴郡各地，朝拜的佛教徒络绎不绝，人流如海，于是，人们便改称光福寺为铜观音寺。

铜观音寺历经风雨，几经废兴，后存的大雄宝殿和西方殿都是1832年后修建的。

光福寺塔位于江苏省苏州市光福镇龟山。建于535年至546年，也就是梁朝大同年间，本名舍利佛塔。据传，塔内原收藏了大方广佛《华严经》和光福寺开山祖师悟彻和尚的舍利。

846年，也就是唐代会昌末年，光福寺塔毁于大火。860-874年，铜观音寺的方丈四处化缘，筹资后重建寺塔。塔檐木毁于清代嘉庆年间雷击大火，后又屡经毁修，久历沧桑，饱受风雨剥蚀。

维修后的寺塔矗立在寺后龟山之巅，高27.95米，四面7级，平面呈正方形，是砖木混合结构楼阁式佛塔。

佛塔底层西北面设券门，

二层以上四面置有壸门，各层门的内壁左右都置有佛龛，共陈列49尊佛像。

塔的顶部设有方形、圆形和八角形等各不相同的藻井。各层置腰檐平座，建筑手法简洁朴素。塔底层设回廊，各层均安有楼板，可拾级而上。

该塔外观古朴。由于位置得当，加上周围景物衬托，颇有"不在画中已入画"的意境。

登临光福寺塔的塔顶，天宽地阔，美不胜收。

舍利佛塔

阅读链接

光福寺塔历来就被文人墨客所钟情。无数文人雅士，慕名前来，都要登临塔顶，一览众山的风采。站在塔顶，放眼天平和灵岩各座山峰，仿佛近在咫尺。登塔眺望，远山峰峦连绵，东西崦湖交相辉映。

据说，明代苏州文人、"吴门画派"的创始人沈周曾多次登上光福寺塔，写了《登光福塔》一诗，生动地描述了他当时登塔赏览的风光："山围水抱开农桑，乐土风光真画里，三年潢潦我无家，恨不携书亦居此。"

名扬四海的香雪海和司徒庙

在光福镇邓尉山有一处闻名天下的赏梅胜地，这就是香雪海，是我国四大赏梅胜地之一。

1696年，江苏巡抚宋荦来到此地赏梅后赋诗《雨中元墓探梅》，题写了"香雪海"3个字，并镌于崖壁，从此香雪海名扬海内。

■ 香雪海梅花亭

乾隆皇帝6次南巡，每次必到香雪海赏梅。香雪海后世存有一座乾隆诗碑，上刻如下诗句：

邓尉知名久，看梅及早春。
缤纷开万树，相对惬佳辰。

在诗碑旁是著名的梅花亭。半山腰有闻梅馆，游人在此可品茗赏梅，后人在山顶新建一座观梅亭。

另有"华光万顷""客到无人管迎送，送迎唯有古梅花""琼枝疏影""幽姿冷妍"及宋荦诗等摩崖石刻和泉水"梅泉"。

香雪海除了初春赏梅外，每年的6月中旬，还会有大片木荷开放，是一处难得的景观。掩映在梅花丛中的古闻梅轩和梅花亭，就像飘浮在茫茫雪海之上的玉宇琼阁。人们沿着曲折幽深的花径前行，大有"入山无处不花株，远近高低路不知"之感。登上梅花亭极目眺望，满山遍野，绵谷跨岭，雪海荡漾，银波耀眼，蔚为壮观。

在光福镇"邓尉探梅"早已成为一种习俗。邓尉山植梅，始于汉、唐，在宋、元时期得到大力发展，明、清时期达到兴盛，素有"邓尉梅花甲天下"的盛誉。梅花除了具有极高的观赏价值外，还可入药和食用，故当地人都以种植梅花为业。

■ 香雪海题刻

宋荦 字牧仲，晚号西陂老人、西陂放鸭翁，今河南省商丘人。商丘雪苑六子之一，著名诗人、书画家、文物收藏家和鉴赏家。1647年应诏以大臣子列侍卫。1664年，授黄州通判，累擢江苏巡抚，官至吏部尚书。康熙帝誉之为"清廉为天下巡抚第一"。

光福古镇

宋代孝廉张诚在《探梅》诗中就有"望衡千万家，种梅如种谷"的诗句。十里梅乡就是当时真实情景的写照。

在光福镇西的涧廊村东南角有一座司徒庙，是东汉光武帝的大司徒邓禹的祠庙。司徒庙又叫古柏庵、柏因社、柏因精舍，始建年代已经无从考证。

后世所存的殿宇是清末民初重建的。司徒庙也叫邓尉庙，庙里有4棵古柏，树龄近2000年。

司徒庙后存两进庙宇殿舍，共20多间。采用传统的院落式布局。前为墙门，门前左右分立一对石狮，进门沿主轴便是山门和大殿。山门和大殿间由院落隔开，两侧有边厢，庙左附有院子，植有古柏名木，并置有赏柏厅，厅后就是闻名于世的"四株古柏园"。

作为司徒庙内的4棵古柏，相传为邓禹亲手所植，至今已有近2000年的历史。这4棵古柏造型别致，姿态各异，虽经千年风雨，日曝雷击，但依然遒劲壮观，堪称天下奇绝。

据传，当年清代乾隆皇帝下江南巡视，来到此地，被这4棵古柏深深地吸引，不禁叹为观止，分赐4棵古柏为清、奇、古、怪。

"清"柏的主杆粗壮挺拔，直耸云天，体态稳健，枝叶苍翠，给人挺俊、清朗、富有朝气的感觉。

"奇"柏的主干似腰被斩后断成两枝，一枝垂到在地面又郁郁葱葱；另一枝在离它几米远的地方钻进地里又重新伸出新枝，长成一棵新的古柏，真是新枝出于枯木，颇有枯木逢春之意。

"古"柏，少皮秃顶，古朴苍劲，姿态肃穆，纹理萦纡，似百索绕躯盘旋而上，又如蛟龙盘绕在身，给人以粗犷憨厚之感。

"怪"柏不知何时被雷劈成两爿。一爿远离母本落地生根，卧地三曲，形似笔架，又似走地蛟龙；另一爿却似悬空吊篮，似昂首蛟龙，欲腾空起飞之势，令人惊叹。

清、奇、古、怪这4棵千年古柏，虽然饱受岁月的磨难，却依然郁郁苍苍，四季常青，显示出一副百

蛟龙 蛟和龙是不同的生物，蛟龙是蛟和龙交配而成。虽然都有强大的力量，但是一正一邪，有本质不同。龙是我国传说中的一种善变化、能兴云雨、利万物的灵异动物，为众鳞虫之长，四灵之首。龙在神话中是海底世界的主宰，在民间是祥瑞的象征，在古时则是帝王统治的化身。

■ 光福古镇建筑

■ 司徒庙内形态独特的古柏

折不挠的气概，给人以无穷的、向上的力量。

在司徒庙的赏柏厅侧碑廊内，置有两部佛经：一部是《大佛顶如来密因修证了义诸菩萨万行首楞严经》，简称《楞严经》；另一部是《金刚般若波罗蜜经》，简称《金刚经》。

《楞严经》由吴门章懋德镌刻，字迹匀称，刀法有力，十分清晰，是一部保存得非常完整的明代石刻经卷。该石刻本应该送藏涿州房山，后因清兵入关，兼之水路有阻，不得已才藏于光福下绞村的狮林寺内。后来，被文物管理部门移到司徒庙的碑廊中。

阅读链接

我国是梅花的故乡，梅花至少在西汉时就被引种栽培和应用。我国历史上民间赏梅咏梅习俗盛行，有大量的咏梅诗文存于后世。

南京植梅盛于南朝，赏梅之风历代相沿。据史书记载，城北钟山脚下梅花坞、城南梅岭岗都是植梅和赏梅的最佳之地。

南京民间植梅与赏梅历史悠久，历六朝至今不衰。唐代诗人李白在《新林浦阻风寄友人》一诗中写道："昨日北湖梅，开花已满枝。今朝白门柳，夹道垂青丝。"

北宋王安石时居半山园，题有《梅花》诗一首："墙角数枝梅，凌寒独自开。遥知不是雪，为有暗香来。"

明末徐渭画有《钟山梅花图》，绘出"龙蟠胜地，春风十里梅花"的景观。

历史悠久的光福古镇文化

　　圣恩寺全称天寿圣恩禅寺，坐落在苏州市吴中区光福玄墓东南，圣恩寺柴庄岭下，面对太湖。唐天宝年间，始创圣恩寺"天寿寺"。南宋宝祐年间又建"圣恩禅庵"，寺庵并列，曾被辟为上、下道场。1328年，幼主阿速吉八敕赐"圣恩禅寺"匾额。

光福圣恩寺

■ 康熙画像

悠韵的古镇

1340年，天寿寺毁于火灾，圣恩禅庵却幸存下来，成为佛教南宗的发祥地。清代康熙和乾隆两位皇帝来到光福探梅时，多次驻足于此。

1349年，江南名僧千岩元长禅师的高徒万峰从杭州来到吴地玄墓山。由于万峰的到来，信徒渐渐增多。

1376年，开辟土地建筑观音阁及各座殿室，圣恩寺才初具规模。康熙皇帝所题的《松风水月》碑乾隆皇帝作赋并书写的《再叠邓尉香雪海歌旧韵》也被刻成诗碑。

传说，正月初九是玉皇大帝的诞辰，俗称"天生日"。苏州城有"斋天"习俗。圣恩寺"斋天法会"由来已久，自1699年诏建"万寿道场"就已经开始。每年正月初九，前来进香请愿的人络绎不绝。

在光福镇的潭山有一处石嵝庵，又称石嵝精舍。石嵝庵始建年代已经无从考证。清代初年有无声禅师在此居住。

石嵝庵后存民国年间的建筑数十楹，原供有缅甸信徒所赠的玉佛。院中数株芭蕉，一架紫藤，像是一户书香人家，大殿也不高大，有如民居一般，门的上方悬挂着"放大光明"4个字。两侧偏殿后作为游人的休憩之所。

大殿后的山崖旁，有一眼泉水。泉水清洌甘芳，岁旱不竭，脱尘禅师将其命为"余留泉"，是有余和留"我"在此的意思。在庵的左侧有万峰台，台上有明代赵宧光题刻的"万峰台"3个字，相传是元代万峰祖师修炼之所。

台上现有多处清代到民国年间的摩崖石刻。站在万峰台上，可见诸山蜿蜒绵延，太湖云帆此起彼伏，七十二峰隐现云端，光福地区青山绿水之美一览无余。在古代，这里是来邓尉山探梅必到之地。

在光福镇，有一流传很久的民间工艺，那就是核雕。说起光福镇的核雕，可谓历史悠久，技艺精湛。明代文学家魏学洢的散文《核舟记》中就记述了明天启年间常熟王叔远在不到一寸长的桃核上雕刻出《东坡游赤壁》的场景，被惊赞为"灵怪之材"。

清代乾隆初年，苏州微雕艺人杜士元同样用桃核雕刻了《东坡游赤壁》，他在小船上增雕了船工，被当时的人们称为"鬼工"。核雕是苏州地区独有的民间艺术，光福也是近代核雕的发源地。

从光福人祖上传承下来

魏学洢 字子敬，明末嘉善人，明朝著名散文家。是当地有名的秀才，也是一代明臣魏大中的长子。一生未做过官，好学善文，著有《茅檐集》。被清代人张潮收入《虞初新志》的《核舟记》，是其代表作。

■ 古镇寺庙建筑

的核雕技艺，主要以橄榄果核为材料。橄榄核来自广东一带的"乌榄"品种，质地硬而细腻。有了好的材料才能制作出好的工艺品。

苏州核雕工艺精巧，作品造型活泼，立体感强，线条明晰，人物有神，风格细腻，集中反映了苏州工艺雕刻"精、细、雅"的神奇魅力。因而，光福核雕是我国微雕杰出代表。

核雕的技巧以浮雕、圆雕和透雕为主，外形基本保持果核的原形。核雕形式有3个系列：珠串式、坠件式和摆件式。

所反映的题材一般有4个系列：吉祥如意系列、神仙人物系列、民间民俗故事系列和山水园林系列。精美的核雕工艺品具有很高的艺术价值、技艺价值、实用价值和收藏价值，成为光福古镇文化的缩影。

阅读链接

核雕是在较小的果核上表现出复杂的题材，雕刻手法也细致入微。确凿见于著述的出神入化的最早核雕作品，是明代之物。《清秘藏》中记载了明代宣德年间有个叫夏白眼的，他能在橄榄核上刻16个娃娃，喜怒之形极为生动。或刻子母九螭，荷花九鸳，蟠屈飞走的绰约姿态，在方寸小核中尽现无遗。

明代王叔远的精雕桃核、邢献的精雕核桃、夏白眼精雕的橄榄核，可谓是核雕三绝，他们的作品传世绝少。清代有邱山的精湛核雕技艺，作品传世也很少。晚清核雕艺人杨芝山的核桃雕《西园雅集图记》，林木怪石间，竟雕刻三组人物共19人，其精微之妙令人拍案叫绝。

浙江南浔

南浔镇居于长江三角洲经济区腹地，是我国十大魅力名镇之一。其建于1252年，名胜古迹众多，充满着浓郁的历史文化底蕴。

南浔镇历史悠久，人文荟萃，名家辈出。据宋、明、清三朝统计，南浔籍的进士就有41人，南浔镇京官56人，明、清两代任全国各地州县官57人。

南宋至清末，在全国有影响的南浔籍学者有80多人，故南浔有"诗书之乡""镇志之乡"的美称。

宋代建镇后经济飞速发展

南浔古镇是江南名镇之一，地处杭嘉湖平原北部，太湖之南，东与江苏省苏州接壤，西距湖州市区32千米，是湖州市接轨上海浦东的东大门。南浔历来是江南闻名遐迩的"鱼米之乡""丝绸之府"和"文化之邦"，具有"东方莱茵河"之誉的长湖申航道贯穿全区。

■南浔古镇建筑

■ 南浔古建筑

南浔镇历史悠久,从南宋开始就是水陆要冲之地,农业发达,在浙江一带位居首位。

南宋初期,本地仅是一处村落,称浔溪村,后称南林。南浔因滨浔溪河而名浔溪,后又因浔溪之南商贾云集,屋宇林立,名南林。直至1252年开始建镇后,南林、浔溪两名各取首字,改称南浔。

有史料记载,当时的南浔,"耕桑之富甲于浙右,土润而物丰,民信而俗朴,行商坐贾之所萃"。此后直至明万历中期,南浔的蚕桑种植经济和家庭手工缫丝日益发展起来。

南浔七里村民在1383年前后曾多次改进缫丝方法,1573-1620年,他们又对育蚕、植桑、缫丝等进行技术革新,比如培育了闻名中外的莲心种,制成了三绪丝车等,因而七里湖丝声名鹊起,杭、嘉、

缫丝 将蚕茧抽出蚕丝的工艺称缫丝。原始的缫丝方法,是将蚕茧浸在热盆汤中,用手抽丝,卷绕于丝筐上。盆和筐就是原始的缫丝器具。缫丝是制丝过程的一个主要工序。根据产品规格要求,把若干粒煮熟茧的茧丝离解,合并制成生丝或柞蚕丝。缫丝方法分浮缫、半沉缫和沉缫三种。

■ 嘉庆（1796年～1820年），清朝入关以来的第五位皇帝，清仁宗爱新觉罗颙琰的年号，在位共25年。在对外交涉中，嘉庆皇帝力主严禁鸦片，对英国侵略者的无理要求严词拒绝。而他闭关锁国的观念，也使他对外来事物采取盲目的排斥态度。

湖、苏所产的生丝均冠以七里之名。

清代乾隆和嘉庆年间，七里丝行销范围除了江南以外，经广州大量外销至日本和欧美一带。进入明代，蚕桑独盛，一郡之中，尤以南浔第一。

当时，南浔镇境内"家家门外桑阴绕，不患叶稀患地少"，可见蚕桑种植经济的盛貌。七里丝的畅销，又与蚕桑业、手工缫丝业形成了良性的循环，共同促进了镇村经济的繁荣，从此南浔成为江南名镇，被誉为"江浙之雄镇"。

1842年以后，上海辟为通商口岸，湖丝贸易以南浔为重要集散中心，在全国生丝出口贸易中居举足轻重的地位。

道光初及同治末年，南浔人先后摇成丝经，这两次革新，改变了出口"有丝无经"的状态，对外贸易激增，并促进了缫丝业的大发展。

七里丝以质优量多而畅销海内外，南浔经济由此空前繁荣，它以江南蚕丝名镇享誉国际。至清代，南浔因经营蚕丝贸易而成为富豪的达到数百家，他们所积累的财富在江南各镇中首屈一指。

道光 清宣宗道光皇帝的年号。清宣宗爱新觉罗·绵宁，后改为爱新觉罗·旻宁，满族人。嘉庆皇帝病死以后继位，是清入关后的第六个皇帝，在位30年。病逝后，葬于河北省易县西的墓陵。

南浔人除了致力于发展蚕丝外贸外，还投资盐业、铁路、房地产、典当业、银钱业和现代企业，其范围包括江、浙、皖等地，特别是他们雄厚的商业资本在近代上海商场中占有重要地位。

他们发家致富后，在故里建筑了宏大宅第，置田地房产，筑庭园书斋，以及捐资筑路造桥，兴办教育等社会公益。

这些民族资本家，是伴随着我国资本主义的发展事业应运而生的，他们为本地乃至我国初期的民族资本主义的繁荣和文教事业的发展，都做出了一定贡献。

这一历史阶段，是整个中国社会资本主义从萌芽到发展的时期。南浔蚕桑、手工制丝业发达，百业昌盛，市场繁荣，使其成为名噪江南的典型商业性市镇。

清末史学家称之为"整个湖州城，不及南浔半个镇"，概括地表明南浔镇在湖州府的经济地位。

阅读链接

南浔作为湖丝贸易重要集散中心，当时全镇至少有60%以上的农民以纺经为业，丝经行最盛时达56家。清末时期，丝栈达42家，上海的91家丝经行中，70%是南浔人开设的。从出口贸易看，1847年，南浔出口数占总出口贸易的63%。

短短20年，我国蚕丝出口量又翻了一番，其中大部分还是湖州辑里丝，辑里湖丝从此闻名遐迩。1851年，在英国伦敦首届世界博览会上，产自南浔的"辑里湖丝"荣获金奖，成为我国第一个获得国际大奖的民族工业品牌。

1915年，在美国旧金山举行的巴拿马国际博览会上，"辑里湖丝"再获大奖。百年世博一丝牵，七里丝在海上丝绸之路上居主要地位。

江南水乡城镇的典范

张石铭故居

历经千年，南浔古镇风韵依然。古镇以其独特的格局、完好的风貌、深厚的文化和淳朴的民风而成为江南水乡众多城镇的典范。镇内河街相交，桥梁通便，黛瓦粉墙，绿柳依依，组成一幅原汁原味的江南水乡图。南浔古镇大致分为三部分。

第一部分是以南市河及其两岸的南东街、南西街为主的景点富集区，张石铭故居、刘氏梯号、南浔丝业会馆、求恕里、南浔史馆、江南丝竹馆、

■ 南浔小莲庄

广惠桥等景点分布其中。

在这里，庭院深深的名人旧宅、古色古香的传统街巷和风景如画的市河，无一不让人感受到当年南浔古镇的繁华和江南水乡的特有风情。

第二部分是由小莲庄、嘉业堂、文园和江南水乡一条街等景点组成的中心景区。南浔素以园林和藏书楼闻名天下，小莲庄和嘉业堂就是典型代表。

小莲庄位于鹧鸪溪畔，碧水环绕，园内绿木森森，不染一点儿俗尘。粉墙黛瓦，奇峰怪石，让人品味到"虽由人作，宛若天开"的意境。

小莲庄紧挨着藏书楼，是清光禄大夫刘镛的庄园，由义庄、家庙和园林三部分组成，始建于1884年，占地1.8万平方米。因慕元代大书画家赵孟頫湖州

光禄大夫 战国时代置中大夫，汉武帝时期改为光禄大夫，掌顾问应对。魏晋以后没有定员，都是加官及褒赠的官职。加金章紫绶的人，称为金紫光禄大夫。加银章紫绶的人，称为银青光禄大夫。唐代时用作散官文阶之号，光禄大夫为从二品。元、明时期升为从一品，清代升为正一品。

"莲花庄"之名，故曰"小莲庄"，是刘镛一家三代用了40多年的时间建成的。

小莲庄景致同其他江南园林相仿，有扇亭、石牌坊、假山、竹林。比较有特色的是园子西边由数十棵古香樟树组成的古树长廊。

园子的外园有近6700平方米的荷花池，池边有逶迤的中式长廊和尖顶的西式小姐绣楼。庄内有御赐牌坊、匾额、碑廊、家庙、净香诗窟等。

嘉业堂与小莲庄仅一河之隔，是由清末著名藏书家刘承干所建，其园林造法和小莲庄异曲同工，而园内的藏书楼则闻名天下。园内藏有书籍60万卷，共16万余册，其中有不少珍本、孤本。

第三部分是以东大街以东的张静江故居和百间楼为主的东北区块，此外还包括尚待开发的庞宅、金绍城故居及东圆、宜圆遗址等。

东大街原是南浔古镇的第一商业街，街南就是市河，街两侧有五福楼、大庆楼、天云楼、长兴馆、大陆旅馆、"野荸荠"茶食、南货店等一大批百年老店。"民国奇人"张静江的故居就坐落在街北。

■ 小莲庄莲花池

■ 张静江故居

一方水土养一方人，南浔人质朴善良，既有豁然聪慧、维和积福的性格特点，又有崇文重教的优良传统，素有"文化之邦"和"诗书之乡"之称。

明代时就有"九里三阁老十里两尚书"的古谚。宋、明、清三朝，南浔籍进士就有41人，宋、元、明、清时期，浔籍京官56人。明、清两代，全国各地州县官56人。

据《江南园林志》记载：

以一镇之地，而拥有五园，且皆为巨构，实江南所仅见。

南浔有崇文重教的优良传统，文化昌盛，教育发

进士 我国古代科举制度中通过最后一级中央政府朝廷考试的人称为进士，是古代科举殿试及第者的称呼，意思是可以进授爵位的人。隋炀帝大业年间始置进士科目。唐代也设此科，凡应试者称为举进士，中试者都称为进士。元、明、清时期，贡士经殿试后，及第者皆赐出身，称进士。

达，名人辈出，其中许多人在不同的历史时期都卓有建树，影响海内外。

在历史上，南浔有"诗书之邦"和"镇志之乡"的美誉，有许多名人著书立说，学术研究成果丰硕。仅清代就有著述问世的南浔人达280人之多。

其中，许多是具有较高价值的学术论著，如"南浔三先生"的施国祁撰有《金史详校》《金源札记》，邢典撰有《书城杂著》，杨凤苞撰有《十八家晋史纂》《补正湖州诗录》，沈蟠撰有《新疆私议》，董蠡舟撰有《三国志杂校》《补五代史汇误》《十六国史摭逸》，董恂撰有《古今医籍备考》《两宋宫闱词》《南浔蚕桑乐府》等。

在明、清期间，南浔人撰写镇志蔚然成风，多达10余部。总之，南浔名人的著述不胜枚举，其学术研究及著述包括经史、天文、史地、志书、水利、农艺、蚕桑、医学、乐律、音韵、六书、金石、书

■ 南浔古镇石牌坊

画和诗词等领域。有史学家说，南浔"书声与机杼声往往夜分相续"，诚不为过。

历代许多南浔籍官员吏治廉明，为民称道者有很多。如明万历东阁大学士朱国祯，在朝时反对魏忠贤专权弄国。1608年和1624年，江浙遭遇大水，他力主减赋税以解民困。万历年间的刑部主事张斗，以不畏权势、秉公执法而名扬南浔。

清代雍正时期，任湖南华容知县的董炎，在抗洪时身先士卒，同时对苗民赈粮，苗民称颂他的功德："非董公，吾族无遗种也。"董炎死后，南浔民众立祠来祭奠他。

在清代乾隆时期，时任凤山知县的张升吉在台湾大田奋力打击日本侵略者。在道光、咸丰年间历任清廷驻韩、法、葡、日、比等国参赞、领事等职共12年的吴尔昌，为了能够维护民族尊严，不屈不挠地进行着外交活动。

南浔人民具有光荣的反抗侵略的革命传统。如清代康熙年间复社领袖之一的董思，辛亥革命期间以巨款资助孙中山革命活动经费的张静江、庞青城、庞莱臣，在经济等各方面全力支持秋瑾从事革命活动的徐自华姐妹。

南浔拥有众多人文景观和名胜古迹，包括独具

■ 雍正皇帝胤禛画像

六书 汉代学者把汉字的构成和使用方式归纳成六种类型，总称"六书"，指象形、指事、形声、会意、转注、假借。六书说是最早的关于汉字构造的系统理论。有了六书系统以后，人们再造新字时，都以该系统为依据。六书也是民间一种古老的表演艺术形式：六个人，两个文场，四个武场。

幽静的南浔古镇

江南风情的沿河居民建筑群、明代百间楼，号称"江南第一宅"的张石铭旧居和民国元老张静江故居以及颖园、丝业会馆和大小古桥等。

南浔镇是历史悠久的文化重镇，名胜古迹与自然风光和谐统一，洋溢着江南水乡诗画一般的神韵。而欧陆情调与江南古风的意外并处、相得益彰，使古镇魅力更加引人入胜。纵观建镇以来7个多世纪的历程，南浔在沧桑中不断发展和前进，千年古镇越发焕发出无限生机和无穷魅力。

阅读链接

顾福昌作为南浔的四象之一，创业后，人称顾六公公。顾福昌早年家境清贫，弃学从商，起初摆个布摊。后来，来到南浔邻镇江苏震泽以开小布店为生，兼营蚕丝后发家。

后来他开设顾丰盛丝号，属南浔丝商中发迹最早的一家。顾福昌经营蚕丝致富后，又经营了当时上海滩上的金利源码头，并成为怡和洋行买办和怡和打包公司的经理，还大做房地产生意，被誉为四象中"顾家的房子"。

顾福昌有三个儿子，都是有名的古物、金石、书画收藏家。顾氏三兄弟继承父业，经营蚕丝，在当时都非常有声望。

沿河而建的古镇民居建筑

南浔古镇中最著名的是广惠宫、百间楼和崇德堂。

广惠宫是南浔镇最著知名的道观，俗称张王庙，始建于宋英宗治平年间。在历史上曾几度衰败，又几度鼎盛。在重新修建的过程中，其规模也在不断扩大。

广惠宫也曾称三清殿，本是祠山神庙。据《南浔镇志》记载，宋

■ 南浔古镇广惠宫

■南浔古镇广慧宫

代时期的广惠宫只有一座大殿，里面供奉祠山神像，只是作为"道流香火之所"。尽管数百年来它的构建布局几经调整，但其主体建筑仍是祠山大帝行宫，人们总是以张王庙称呼它。广惠宫是南浔古镇一处源远流长、极富地域文化色彩的道教建筑遗存。后世首期重修工程，部分展现了它在历史上的原貌。

百间楼位于南浔古镇东北侧，沿老运河东、西两岸而建。相传是明代礼部尚书董份为其家中仆人而建。始建时约有百间楼房，故称"百间楼"。其特色是依河道建筑，中有石桥相连。传统的乌瓦粉墙楼房，形成由轻巧通透的卷洞门组成的骑楼式长街。最集中的一段是河东岸的莲花桥到长桥，房屋较为整齐。白墙、青瓦、沿廊、河埠、花墙、卷门、廊檐呈现，船只往来，呈现出一派典型的江南水乡风光。

百间楼的河道旧时是运河，通湖州和乌镇、苏州、南浔的物资均从这条河进出。元代末年这里筑了城墙，成为城壕的一段，沿河大多为货钱、店铺。沿岸筑成整齐的条石驳岸，岸边河马林立，以便船只停靠，装卸货物。沿河是长街，沿街房屋大多为前店后宅。

整条百阁楼，房舍连排，侧墙相接。房舍间山墙高耸，有云头式，有观音兜式，也有三叠马夹墙式，高低错落，白墙黑瓦，轻巧通透，洋溢着水乡民居的灵气。

百间楼是南浔古镇保存得最为完整并留有传统风貌的沿河居民群落，全长400多米，距今已有400多年的历史。它与不远处的洪济和通津两座桥组成了一幅"小桥、流水、人家"的美丽风景。

崇德堂又称刘氏梯号，俗称红房子，是南浔"四象"之首刘镛的三儿子刘安的居处。刘安于1905年从钱氏手中购来一片地准备建宅。宅院于同年冬天破土兴建，直至1908年才宣告竣工。

刘安不仅是文物收藏家，也是实业家，在上海、杭州等地拥有不少房地产，据20世纪初期出版的《上海总商会会员录》排列的当时最具规模的16家房地产大户，其中他与刘承干、刘湖涵皆榜上有名，并且名列前茅。

刘安还与庞赞臣等人集资28万两白银，在余杭塘栖创办了崇裕丝厂。当时引进意大利式缫丝机492台

运河 是用以沟通地区或水域间水运的人工水道，通常与自然水道或其他运河相连。除航运以外，运河还可用于灌溉、分洪、排涝、给水等。我国的运河建设历史悠久，公元前219年，为沟通湘江和漓江之间的航运而开挖了灵渠。京杭运河是世界上最长的运河。

■ 南浔古镇百间楼

及日本的先进技术设备，有工人1340人，年产白厂丝约4万千克，产品销往欧美及东南亚等地区，在当时是全国一流的大型缫丝厂。

崇德堂建筑是由南、中、北三部分组成。中部建筑以传统儒家文化理念的厅、堂、楼、厢为主体。南、北部由中式建筑融入西欧罗马式建筑，其中北部欧式建筑立面尤为壮观。

大宅宽敞恢宏，以精美的砖雕、木雕、石雕见胜。宅后东西潭边的钟楼上曾有一口巨大的钟，远近都能听见它的钟声。

徽派的马头墙和石库门内却有欧洲洛可可风格的券顶，南浔对外来文化的包容和气度可见一斑。崇德堂宅后义仓河对岸拓地1000多平方米，种树栽花，叠石为山，坡植白皮松，蓄水栽荷，而且有楼、亭、阁、榭和欧式小洋房。

因刘安"有述袭为园之志，抱守存故迹之心"，沿承300年前"小桃源"之意，故取名"留园"，也取"留"与"刘"同音。20世纪30年代，刘园一部分赠予外甥徐氏，故称"徐家花园"。但是，该园毁于日军侵华期间，仅仅剩下了荷池。

阅读链接

清末民初，南浔丝商云集，尤其以南浔镇的"四象八牛"最为典型。南浔镇的"四象八牛"，就是以"四象八牛七十二墩狗"为代表的南浔富商。清代光绪年间，出现在湖州南浔民间及江浙一带。

所谓"四象、八牛"都是指资本雄厚的富商，财产达百万两白银以上的被称为"象"，财产达50万两以上、不过百万两白银的，称为"牛"，财产在20万两以上、不到50万两白银的则被喻为"狗"。

所谓的象、牛和狗等动物，人们都是以它们身躯的大小来象征丝商财产的巨细。南浔"四象八牛"之说，属于民间说法，根本没有正规的统计和详细记载。

黄姚古镇

黄姚镇是广西名镇，位于广西壮族自治区贺州昭平县，是一个有着近千年历史的古镇。古镇发祥于宋代，兴建于明代万历年间，鼎盛于清代乾隆年间。

由于镇上以黄、姚两姓居多，故名"黄姚"。黄姚古镇中存留下来很多较为完整的明清建筑，并以"梦境家园"的"小桂林"之称而享誉海内外。

镇内的建筑按九宫八卦阵势布局，属岭南风格建筑，与周围环境融为一体，被称为"人与自然完美结合的艺术殿堂"。

以山水园林著称的千年古镇

　　黄姚古镇与昭平县城及贺州市均直线距离约40千米，距桂林200千米，是一座有着近千年历史的古镇。

　　以山水园林著称的黄姚，发祥于宋朝，兴建于明朝万历年间，鼎

广西黄姚古镇牌坊

盛于清朝乾隆年间。

全镇居民600多户，8条街道。镇上多数房屋保持着明清风格，因为黄姚所处特殊的地理位置，四面皆山，易守难攻，而且交通不便，所以村镇处于半封闭状态，使得古老的民居、众多的文物遗迹得以保存，如韩愈、刘宗标的墨迹。

曾经有人这样形容过黄姚：

黄姚古镇如同一本千年的诗集，被人遗忘在图书馆僻静的书架上，当人们不经意地走过，翻开这美丽的篇章，古朴而优雅的格调立即征服了人心。

黄姚作为千年古镇，以其独特的宗祠文化、诗联文化和牌匾文化闻名于世。

黄姚至今仍保留着许多明清时期的宗祠，各宗祠每年都有独特的祭祖活动，参加活动的人来自广西各地和广东、香港、澳门、台湾等地。

黄姚的宗祠结构精致，装饰华丽。门前的大石阶、祠内宽阔的门廊、正中的天井以及两旁的小花园，无不独具桂北屋宇风格。宗祠墙壁上刻着精美的花禽鸟壁画，技艺精湛，风格独特。

据史料记载，明末清初的黄姚人非常重视教育，读书之风盛行，

土地祠 供奉土地的祠堂。土地又称土地爷、土地神、土地公公。土地神源于古代的"社神"，是管理一小块地面的神。传说他住在地下，在道教神系中地位较低，专业名称为"福德正神"。在民间，他被认为是地方保护神。旧时，我国几乎到处可见土地庙，香火颇为旺盛。

■ 黄姚古镇随处可见的楹联

文化氛围极为醇厚。这里人才辈出，过往的文人墨客很多。古镇奇美的风光和众多的亭台楼阁成为文人们吟咏的对象，黄姚因此形成了具有独特乡土特色、地域风格的诗联文化。

古镇的诗联对仗工整，寓意深刻。据不完全统计，历代诗人赞美黄姚的诗达186首，楹联有197副。

千百年来，黄姚古镇留下了许多内容丰富的牌匾，后世所存的牌匾有50多块。这些牌匾记载了古镇各个时代发生的真实历史事件，内容都有深刻的历史背景。

牌匾也从另一侧面反映了黄姚古镇明清时代的社会、经济和文化兴旺繁荣的景象，"直道可风""模范长留""且坐喫茶"及光绪皇帝亲赐的满汉文对照的圣旨牌匾等都各有特色。

黄姚古镇著名的建筑有宝珠观、文明阁和带龙桥等。1524年，在古镇小珠江边的宝珠山旁新增一座宝珠观。

该观是当地人用以供奉北帝、如来和观音的道、佛合一的寺观。寺观由大殿、门厅、厢房、天井和回廊等组成，占地面积1300多平方米。每年农历三月初三是该寺观的庙会。寺观于清代乾隆、道光、光绪年间曾多次重修。

文明阁坐落在黄姚镇东南天

■ 北帝 全称北方真武玄天上帝，又有玄天、玄天上帝、武大帝、真武大帝、北极大帝、北极佑圣真君、开天大帝、元武神等称呼。俗称上帝公、上帝爷或帝爷公。他是作为统理北方、统领所有水族的道教民间神祇，又称黑帝。

马山西麓，其以雅致、幽静、豁朗、清新的风格，位于旧黄姚八景之首。

文明阁始建于1573年至1620年的明万历年间，清代及近代历经4次重修。原有步云亭、文明首第、土地祠、豁然亭、福禄亭、惜字炉、天然图画、财神殿、大堂正殿、不夏亭、桂花亭、魁星楼12处建筑物，今仅存8处，阁内历代名人题诗刻石颇多。

沿天马山而上，文明阁第一道门楼上书"文明首第"4个大字。两边写有一副对联——"春入水愈响，秋高山更青"。

沿着石梯向前走，就会看到旁边有一通石碑，上书"文明阁祀田碑"。再往前行，便是霍然亭，亭前柱上书"上下江涵画阁添，东西岸隔烟波间"，后面柱子上有"有风花气犹迷楹，无雨岚光尚滴衣"。

■ 黄姚古镇永安门

第二道门楼书"有声"两字，旁边写有"星临平野阔，山似络阳多"，门楼内有1864年重修的文明阁碑。依山而行，两旁可以看到古人登山留下的石刻，其中一篇为《余王至黄姚登文》。

前边是惜字炉，供烧香之用。上面也刻有对联，共有6句：前面为"赤文归造化，赤字幻霞烟"。左边上书"烟霞"，两边为"一炉纸化氤氲气，万古人存爱护心"。右边上书"风月"两字，两边刻有"迹民别风淮雨外，烟迷五岭一溪中"。

惜字炉旁边石山上刻有"小西湖"石刻，这是清代太史刘宗标于光绪戊寅初秋题的。再往前，旁边石上刻有"道光庚子年重建文明阁新建魁星楼并建亭至碑记"。

至此到达第三道门楼，楼上书"天然图画"4个大字，旁边写着"乾坤风月归图画，山水烟霞入品题"，左下角立有"攀山石碑"，为1765年所立。

沿梯而上，进入大殿，殿内供奉着关公。出大殿前行，旁边石壁上刻有唐宋八大家之一的韩愈题书的"莺飞鱼跃"4个大字。下有"重阳登高联咏"，以及"新建不夏亭碑记"。

唐宋八大家 唐宋时期八大诗人散文作家的合称，分别为唐代的韩愈、柳宗元和宋代的苏洵、苏轼、苏辙、欧阳修、王安石、曾巩。分为唐二家、宋六家。

再往前就到了七星亭，两边书有"清凉舒适合心情，静坐闲谈知己话"。转身再上，看到的阁楼就是魁星楼，里面供奉着"魁星公"。

在文明阁内怪石嶙峋，古树成荫，登高俯瞰，宝珠古刹，东门古榕，尽收眼底。这里山清水秀，风景如画。

带龙桥是黄姚古镇数座古桥梁中最大的阶梯石拱桥。始建于1575年，1759年重修。桥长22米，宽3米，有两拱，一大一小，大拱离水面3.2米，直径约5.6米；小拱是旱拱，离地面2.55米，直径3米。

平时，江水从大拱流过，洪水期间，小拱则起到分洪的作用。整座桥面全部用当地的厚青石板铺成，石板之间用特制的铁铆链接，把桥面牢固平整地连成整体，将中力均衡地落到桥拱，防止石板日久向两边

刘宗标 字海臣，广西贺县人。1876年进士，选庶吉士，散馆授编修。外任官至浙江台州知府。1901年，刘宗标在严州任上主持将双峰书院改为六睦学堂，这是现代严州中学的历史起点，他撰写的《修改六睦学堂记》（碑）记载了这段史实。

083

小桂林之称

黄姚古镇

■ 古镇小巷

黄姚古镇带龙桥

分离。该桥重修后一直牢固如初。

　　带龙桥是古镇最大的阶式石拱桥，拱桥呈半月形横跨在新兴街东面的小珠江上，上面还有一座乾隆时期所修的桥楼，后来被拆除。

　　对于一个以水为生的小镇，能驾驭洪水无疑是一个重大的突破，这也是黄姚历经千年仍能完好地保存的主要原因。

阅读链接

　　关于黄姚这一名称的来历，在民间有另一种说法。这也是人们十分感兴趣的问题，因为它涉及古镇历史的发端。

　　关于这一问题，民间有传说认为，黄姚古代是壮族和瑶族的杂居之地。在这里最早居住的是黄姓和姚姓两户人家。

　　1052年，狄青率领部下南征壮族首领侬智高。他的部队将要路经黄姚，便派士兵前去打探路线，得知当地只有黄、姚两户人家，于是就把此地称为黄姚。现在的镇上已经没有姚姓，而黄姓则是清代以后才陆续迁入，并非原来的黄姓。

具有丰富内涵的古镇建筑

　　黄姚古镇作为人与自然完美结合的艺术殿堂，既有丰富的历史内涵，又有浓郁的人文气息。最能代表古镇文化气息的就是古戏台、兴宁庙、佐龙祠、石跳桥和司马第等。

■ 黄姚古镇古戏台

■ 黄姚古镇戏台上的屏风

悠韵的古镇

屏风 古时建筑物内部挡风用的一种家具。屏风作为传统家具的重要组成部分，由来已久。屏风一般陈设于室内的显著位置，起到分隔、美化、挡风和协调等作用。它与古典家具交相辉映，相得益彰，成为家居装饰不可分割的整体，从而呈现出和谐、宁静之美。

古戏台始建于1576年。戏台在清朝乾隆年间、道光年间都曾进行过维修。

古戏台左与"宝珠观"庙堂为邻，右有百年古樟的绿荫遮蔽，背后是日夜奔流的"小珠江"，整个环境幽雅宁静，是看戏的极好场所。

整个古戏台呈"凸"字形，分前台、后台、厢三部分。8根一抱粗的大木柱支撑着整个戏台，宽敞的舞台在前面，演员的化妆室和休息室在后面，布局合理、规范。戏台雕梁画栋，并写有工整的对联。

如第二道的台柱上就刻有令人叫好的一副对联：

闻其声乐则生矣，不妨既竭耳力；

观其色入焉瘦哉，必须继以心思。

屏风中镶有"可以兴"3个金光闪闪的大字，凝练地道出了戏台当时起到的作用。后台的左厢房门楣上写着"飞燕"，右厢房门楣上写着"惊鸿"。

门楣上端各有一画，分别是《古松寿鹤图》和《梅花鸟语图》。前台的天花板中央又有一幅画，为《双凤奔月图》。走进戏台，这些书画作品令人目不暇接，给人以高雅的艺术享受。

在戏台的表演区，古人运用了水缸共鸣的原理，在单层厚木板铺成的戏台下面，放着4口大水缸，可使演员的演唱及锣鼓声产生共振，具有扩音的效果。

据当年看过戏的老人说，每当戏台上鸣鼓、击锣，不仅镇上回荡，就连7500米远的大风坳也能听见这鼓声和锣声。我们的祖先在400年前就有了这种"音响"意识，确实让人们对黄姚古戏台刮目相看。

兴宁庙在黄姚古镇的东侧，始建于明万历年间，1756年对其重修，并添建真武亭和护龙桥。庙背靠隔江山，面向真武山，左有鼓乐亭，壁上画有八仙醉酒图。右边是牌坊，青砖墙，琉璃瓦盖。

真武亭柱上有对联"别有洞天藏世界，更无胜地赛仙山"，由清代举人林作揖撰写。

前面石柱上的对联为"襟带河山，形腾甲出"，旁书"巨川林作揖题"。中间石柱上的对联为"山崎水停渔鼓浪，春华秋实鸟争鸣"，旁书"云纪莫官生题"。里面的石柱上也有一副对联——"帝网万年

■ 八仙 民间广为流传的道教中的8位神仙。八仙之名，明代以前众说不一，有汉代八仙、唐代八仙、宋元八仙，所列神仙各不相同。至明代吴元泰在《八仙出处东游记》（即《东游记》）中把八仙定为：铁拐李、汉钟离、张果老、蓝采和、何仙姑、吕洞宾、韩湘子和曹国舅。

■ 露天石台旁的古榕树

垂保障，仙山千古仰声灵"，旁书"玉田何其璋"。

护龙桥下是石溪与姚江汇合处，溪水从庙门前蜿蜒流过，越过护龙桥10余米，左有天然石门，进入石门是一大石板平铺的露天石台。右有怪石无数，石旁有翠竹一丛，一石顶上长有榕树一棵，甚为奇趣。其风景之幽雅，足以令人陶醉，故历代诗家题咏颇多。

佐龙祠位于黄姚古镇安乐街宝珠巷西南，紧靠佐龙亭，为黄姚古镇景点之一。该祠建于清代乾隆初年，光绪年间得以重修。

佐龙祠为砖木结构，高2.8米，面宽2.41米，进深3.7米。祠与亭相连，方石须弥座，单檐。亭为重檐，歇山顶，方形结构，四柱上有对联。

中联为"佐起文明新运会，龙扶博厚铁山河"；

前联为"傍水四围山蕴藉，洞天一品石玲珑"；左联为"此地有碧流黄石，其间皆翠绕珠围"；右联为"乾坤风月无双价，廊庙山林一等人"。

亭的上方有一圆形篆体"寿"字，另有一幅鱼头蝙蝠身的图案，据说是作者根据祠前的"鲤鱼跳龙门"之景而获得的灵感。

石跳桥始建于清嘉庆年间，也就是1796年至1820年，距今有200多年的历史。

整座桥是由31个石头墩子排列而成，高石墩露出水面，矮的石墩埋在下面，起到支撑和固定作用，31个石墩间距按人行走的步伐排列，既方便人行，又不影响泄洪。

200多年前的古人就可以造出这么实用又富有美感的桥，着实令人惊叹。

石跳桥是黄姚古镇中最具特色的桥。在黄姚青石板铺就的桥不止一座，大大小小加起来有15座之多，这些石桥把黄姚的河水悉心装点了起来。

司马第是黄姚古镇的代表性景点之一，位于黄姚龙畔街，是黄姚民宅的典型代表。

司马第作为清代建筑，是一座沿着地势递进式的老宅院。沿着古镇小路拾级而上，可以看到司马第大门口非常完整的石鼓，它与宅院一起被保留下来。

黄姚古镇石跳桥

广西黄姚古镇司马府第

宅院通透，面阔3间，进深3间。前座中为门厅，两旁为耳房。中座正中为天井，两边为厢房。后座是正房，正厅里放置着隔扇和案台。司马第的建筑格局是黄姚其他民居的缩影。

阅读链接

古戏台是指清末民初以前修建的以戏曲表演为主要功能的有顶盖的建筑。

戏台作为传统戏曲的载体，联系着我国古代多样的宗教习俗和戏曲民俗，负载着在传统戏曲艺术形态中表现出的民族情感和民族精神。

我国遍布城乡、数以万计的古戏台见证了我国戏曲的形成，促进了戏曲的发展和繁盛，体现出我国古代建筑艺术的绚丽和辉煌。

出于各种天灾和人为的原因，这些珍贵的文化遗产遭到了严重的损毁。调查显示，相较于20世纪50年代的10万多座，目前古戏台只剩下了1万多座。